APOŠTOL NÁRODOV
DVADSIATEHO STOROČIA

ISBN 80 - 7141 - 076 - 4

APOŠTOL NÁRODOV DVADSIATEHO STOROČIA

DRUHÁ NÁVŠTEVA JÁNA PAVLA II. NA SLOVENSKU

Dobrá kniha
1995

Venovanie

Túto publikáciu venujú s úprimnou vďakou
a v synovskej úcte
Svätému Otcovi Jánovi Pavlovi II.
za jeho veľkú lásku k slovenskému národu
a dlhoročnú pomoc prenasledovanej Cirkvi na Slovensku,
ako aj za otcovskú starostlivosť o ňu
počas jeho pontifikátu,
osobitne za jeho historickú pastoračnú návštevu
v samostatnej Slovenskej republike
v dňoch 30. júna – 3. júla 1995

zostavovatelia

Ján Košiar, Šebastián Labo a Štefan Vragaš,
rímskokatolícki kňazi

Úvod

Na konci svojej, iba niekoľkohodinovej návštevy Slovenska v apríli 1990 Svätý Otec Ján Pavol II. povedal na letisku vo Vajnoroch na rozlúčku úprimné „do videnia" s prísľubom, že k nám príde veľmi rád i druhý krát, pravda na dlhšie.

Už vtedy sme sa tomuto sľubu nesmierne potešili. Uskutočnenie jeho druhej pastoračnej návštevy Slovenska sa takto zdalo byť iba otázkou času. Žiaľ, medzičasom sa zdravotný stav Svätého Otca zhoršil, najmä po zranení bedrového kĺbu a operácii v apríli 1994 takže musel odriecť viaceré už naplánované cesty do zahraničia. Niektorí si vtedy mysleli: Pápež už viac nebude môcť podnikať dlhé a namáhavé cesty mimo Talianska.

Od návštevy Jána Pavla II. pobaltských štátov na začiatku septembra 1993, trvalo celý rok, kým sa mohla uskutočniť začiatkom septembra 1994 dvojdňová návšteva chorvátskeho hlavného mesta Záhrebu. Nato pápež v januári 1995 úspešne absolvoval dlhú cestu do Ázie, a v posledný júnový deň tohto roku zavítal predsa aj na Slovensko po druhý raz.

Jedinečná udalosť, ktorú po tie dni zažila slovenská krajina i jej ľud chceme zvečniť v tejtoj publikácii, ktorá chce slovom i obrazom sprítomniť štvordňovú pastoračnú návštevu Slovenska Jánom Pavlom II. od 30. júna do 3. júla 1995. Kniha obsahuje všetky príhovory Svätého Otca, a piatich diecéznych biskupov a je popretkávaná bohatým fotografickým ilustračným materiálom. Kto po nej siahne, určite si oživí všetky tie nezabudnuteľné chvíle, ktoré mal možnosť zažiť osobnou účasťou na stretnutiach, alebo sledovaním priamych televíznych prenosov.

Kież by sa táto publikácia dostala do rúk každej slovenskej rodine. A to nielen veriacej. Veď to, čo hovoril pápež Ján Pavol II.

počas štyroch dní vo svojich príhovoroch a homíliách počas druhej apoštolskej cesty na slobodnom a samostatnom Slovensku, má čo povedať každému človekovi dobrej vôle.

S rovnakým úmyslom, s ktorým pápež doteraz navštevoval iné krajiny a štáty sveta, prišiel i na Slovensko: ako posol lásky, pokoja, duchovnej radosti, hlbokej viery a nezlomnej nádeje; s posolstvom o všemohúcom, láskavom a milosrdnom Bohu, ale aj o človekovi ako Božom dieťati, ktorému Boh daroval časný a prisľúbil večný život.

Publikácia má za cieľ poslúžiť nielen dnešnému čitateľovi, ale byť historickým svedectvom a duchovným odkazom aj pre ďalšie slovenské generácie.

Celému svetu je známe, že terajší Petrov nástupca bráni človeka a jeho prirodzené práva; predovšetkým práva na dôstojný život od počatia až do jeho prirodzenej smrti.

V tejto súvislosti možno poukázať na známeho francúzskeho spisovateľa – konvertitu, člena francúzskej Akadémie André Frossarda, osobného priateľa Svätého Otca a autora vynikajúcej knihy *Rozhovory s Jánom Pavlom* II. V parížskom denníku *Le Figaro* (z augusta 1994) napísal o pápežovi toto: „Pre Jána Pavla II. je každý človek bohostánkom Ježiša Krista. To je tiež dôvod, prečo tak často cestuje po svete. Som pevne presvedčený, že keby Ján Pavol II. mohol osobne stretnúť každého jedného človeka, urobil by to. Nikdy neprestanem ďakovať Prozreteľnosti, pretože tým, že nám darovala tohto pápeža, dokázala, že má ešte záujem o tento svet."

Frossardove úvahy sú akoby ozvenou historickej návštevy Jána Pavla II. na Slovensku. My, ktorí sme zažili tohto pápeža či už bezprostredne alebo v televízii, môžeme iba potvrdiť Frossardov názor na Svätého Otca. V poslednej kázni v Levoči jasne povedal:

„Všetkých vás, drahí Slováci, objímam a uzatváram do svojho srdca." Skromne sa domnievame, že štyri dni, ktoré strávil Svätý Otec s nami a medzi nami, priniesli obyvateľom Slovenska toľko duchovnej, čistej radosti, vnútorného pokoja, prehĺbenie viery, posilnenie nádeje, ale aj rozmnoženie lásky, aké slovenský národ vo svojej histórii ešte neprežil.

Hlavný cieľ každej apoštolskej cesty Kristovho námestníka spočíva v posilňovaní svojich bratov vo viere, tak ako to Pán Ježiš prikázal Petrovi: „A ty, keď sa obrátiš, posilňuj svojich bratov". Pochopiteľne ponajprv biskupov, ale potom aj všetok Boží ľud.

Na druhej strane zase Svätý Otec úprimne priznal v Levoči, že účasť veriacich, ktorá ho sprevádzala na jeho apoštolskej ceste po Slovensku, posilnila i jeho vo viere. Vyslovil vďaku za vytrvalosť vo viere počas štyridsaťročnej náboženskej perzekúcie.

Hlava rímskokatolíckej Cirkvi pápež Ján Pavol II. svojou návštevou u nás pomohol zviditeľniť Slovensko a jeho ľud pred svetom tak, ako nikto pred ním.

Záverečné slová audienčného prejavu dva dni po návšteve u nás, venovaného celkom jeho pastoračnej ceste na Slovensko, zneli: „Apoštolská stolica a pápež vyjadrujú uznanie za dedičstvo nezávislého Slovenska, dávajúc tak najavo aj právo tohto národa na jeho miesto v rodine európskych národov ako právoplatného člena."

Za to mu patrí naša úprimná a stála vďaka, ale hlavne každodenná modlitba ako i naše malé a veľké obety, ktoré Svätému Otcovi pomôžu vykonávať úspešne jeho zodpovedný úrad Kristovho zástupcu na zemi a dajú mu silu niesť aj jeho ťažký každodenný kríž.

S touto prosbou sa úprimne obraciame na všetkých, ktorým sa toto dielko dostane do rúk.

Prejavom vďačnosti a oddanosti pápežovi Jánovi Pavlovi II., za všetko, čo urobil pre Kristovu Cirkev vo svete i na Slovensku, chce byť táto publikácia. Láska k Cirkvi a k jej viditeľnej hlave pápežovi Jánovi Pavlovi II. bola hlavným motívom pre jej zostavenie. Sám Svätý Otec dal nám svoje požehnanie na vypracovanie knihy týmito slovami: „Zrobcie to dobrze, zrobcie to dobrze!"

Či sa nám podarilo splniť želanie Svätého Otca Jána Pavla II., to nech posúdi úprimne čitateľ sám. S takou láskou, s akou sme na knihe pracovali, odovzdávame ju všetkým, ktorí túto publikáciu so záujmom vezmú do rúk. S jedinou túžbou a želaním: Nech čítanie tohto diela rozmnoží vernosť k Cirkvi, upevní oddanosť a roznieti lásku k jej viditeľnej hlave, pápežovi z bratského poľského národa, Svätému Otcovi Jánovi Pavlovi II.

Zostavovatelia
Bratislava 26. júla 1995
na sviatok svätých Anny a Joachima,
rodičov najsvätejšej Panny Márie

Predhovor

V dňoch 10. až 11. septembra 1994 otec biskup Pavol Hnilica, dp. Ján Košiar a pisateľ týchto riadkov zúčastnili sme sa v Záhrebe návštevy Svätého Otca v Chorvátsku. Bola to prvá zahraničná cesta Jána Pavla II. po ťažkej operácii bedrového kĺbu v apríli toho istého roku.

Keď som videl, ako Petrov nástupca pomalým krokom schádza z lietadla Alitalia, pričom sa pravou rukou pridŕža zábradlia schodíkov a ľavou rukou sa podopiera o paličku, nesmierne sa ma to dotklo. Akú nečakanú fyzickú zmenu spôsobila vo Svätom Otcovi operácia bedrového kĺbu.

Karol Wojtyla, v minulosti muž prekypujúci zdravím, aktívny športovec nielen v mladosti, ale i ako biskup a kardinál, pravidelne venoval niečo zo svojho voľného času horským túram, kanoistike, plávaniu a v zime lyžovaniu. Dokonca aj ako pápež sa venoval športovej činnosti, i keď pochopiteľne v obmedzenej miere. O fyzickej kondícii Svätého Otca svedčili aj jeho hlboké symbolické gestá, ako napríklad pokľaknutie a pobozkanie zeme v krajine, do ktorej prišiel po prvýkrát.

Týmto krásnym gestom úcty, lásky a priateľstva k obyvateľom krajín, do ktorých prichádzal, prekvapil pápež Wojtyla svet prvý raz v januári 1979 v Mexiku. Posledný raz sa tak stalo začiatkom septembra 1993 v troch pobaltských štátoch, v Litve, Lotyšsku a Estónsku. Od návštevy v Pobaltí prešiel celý rok, kým Svätý Otec pre svoj zhoršený zdravotný stav mohol uskutočniť pastoračnú cestu do cudziny.

A práve na letisku v Záhrebe prišlo to veľké a bolestné prekvapenie pre nás všetkých, ktorí vrele milujeme Kristovho zástupcu na zemi. Pápež konečne dosiahol chorvátsku pôdu. Žiaľ, už nevládal s takou ľahkos-ťou pokľaknúť a pobozkať ju, ako to robil pätnásť rokov predtým pri svojich apoštolských cestách po svete.

V Záhrebe sme boli svedkami, ako dvaja mladíci držali pred pápežom drevenú nádobu naplnenú chorvátskou zemou, ktorej Svätý Otec vtlačil bozk úcty a lásky. Počas oficiálnych ceremónií na letisku sme sa všetci mohli presvedčiť, že zdravotný stav pápeža sa podstatne zmenil.

Na druhý deň, v nedeľu 11. septembra 1994, koncelebroval Ján Pavol II. svätú omšu na veľkej dostihovej dráhe, kde prišlo vyše milióna veriacich. Bolo to vyvrcholenie tejto jeho krátkej, ale pre slobodné Chorvátsko historickej apoštolskej cesty.

Približne o 13.30 opustil pápež provizórnu sakristiu a pomaly kráčal k svojmu bielemu automobilu, známemu ako papamobil. Akoby náhodou som sa ocitol v bezprostrednej blízkosti Svätého Otca, ktorému som skromne vyjadril úprimnú prosbu všetkých nás: „Svätý Otče, Slováci čakajú na návštevu pápeža."

Ján Pavol II. vystúpil pomaly do papamobilu, pravou rukou sa zachytil vnútorného operadla a stojac uprel na mňa svoj tichý pohľad. Potom zodvihol trocha ľavú ruku a zároveň bez slova mierne pokýval hlavou. Toto gesto bolo jeho odpoveďou na moju prosbu.

Myslím si, že mnohým je dobre známe podobné gesto a čo sa chce ním vyjadriť alebo naznačiť. Krátko asi toľko, že všetko, o čom práve hovoríme, žiadame či prosíme, prípadne sľubujeme, nie je až také isté, iba neskôr sa uvidí, či z toho niečo bude.

Úprimne sa priznám, že po druhýkrát počas 24-hodinovej návštevy pápeža v Chorvátsku som pocítil zármutok a vnútornú bolesť z vážnej obavy o zdravotný stav Svä-

tého Otca, keby z tohoto dôvodu už nemohol uskutočniť plánovanú návštevu na Slovensko.

Z tohto smútku a bolesti som sa vďaka Bohu rýchlo oslobodil jednoduchou myšlienkou: Ak veríme, že všetko je v Božích rukách, a ak je to jeho svätá vôľa, budeme môcť privítať Petrovho nástupcu i po druhý raz na našom Slovensku. Samozrejme, že dovtedy musíme vrúcne a s veľkou dôverou prosiť Pána o milosť, aby sa táto návšteva uskutočnila.

V druhej polovici septembra a v októbri 1994 som bol vo viacerých slovenských farnostiach ako hosťujúci kazateľ. Veriacim som hneď na začiatku svätej omše v úvodnom pozdrave spomenul svoje dojmy a zážitky so Svätým Otcom v Záhrebe. Zároveň som ich vyzval a naliehavo prosil o intenzívne denné modlitby, duchovné obety nielen pri tejto svätej omši, ale i v nasledujúcich týždňoch a mesiacoch za to, aby Svätý Otec predsa k nám prišiel.

V kázňach som vyslovil svoje hlboké presvedčenie, že u Boha nie je nič nemožné, pričom som vyjadril s neotrasiteľným optimizmom názor, že záleží iba na nás, s akou dôve-

rou budeme Pána o to prosiť. Jeho presvätá Matka, Sedembolestná Panna Mária, patrónka nášho národa, urobí všetko, aby jej milovaný syn Ján Pavol II. prišiel opäť na Slovensko.

Popri intenzívnych a vytrvalých modlitbách za zdravie Svätého Otca som pozorne sledoval v tlači a v televízii jeho činnosť vo Vatikáne a jeho zdravotný stav, pričom mi bolo jasné, že zaťažkávajúcou skúškou bude dlhšia apoštolská cesta pápeža, plánovaná na začiatok januára 1995 do Manily, Oceánie a Austrálie. Vzhľadom na jeho zdravotný stav som mal slabú nádej, že k tejto náročnej pastoračnej ceste skutočne dôjde. No keď 11. januára 1995 Ján Pavol II. odletel do Manily na Filipíny, už som bol pevne presvedčený, že tento bezpríkladne neúnavný apoštol nášho storočia príde v plánovanom čase i k nám. Vďaka Bohu a Božej Matke sa tak stalo. Veď u Boha nič nie je nemožné.

P. Šebastián Labo SJ

Nitra - Zobor 17. júla 1995
na sviatok sv. Andreja-Svorada a Benedikta,
patrónov Nitrianskej diecézy

BRATISLAVA

30. júna 1995

Privítací ceremoniál na Letisku M. R. Štefánika

Stretnutie v Dóme svätého Martina

Privítací ceremoniál na Letisku M. R. Štefánika

Keď sme 30. júna 1995 v slávnostnej nálade, s vnútorným napätím a vďační Bohu čakali na príchod prevzácneho hosťa Svätého Otca Jána Pavla II. do našej vlasti, slobodného a samostatného Slovenska, museli sme sa spontánne poďakovať i svätému Petrovi. Pýta sa niekto, prečo? Jednoducho preto, že nám uštedril počas oných historických štyroch dní nádherné slnečné počasie, s výnimkou jedného popoludnia v Prešove.

Keď myslíme na pápežovu návštevu v Prahe a v Olomouci počiatkom mája tohto roka za chladného a daždivého počasia, tak nám je jasné, za čo máme ďakovať svätému Petrovi.

Vďaka krásnemu letnému počasiu prichádzali veriaci každého veku už od rána na medzinárodné Letisko Milana R. Štefánika v Bratislave-Ivánke. Medzi nimi sme videli rodiny s celkom maličkými deťmi, ale i školákmi. Kvôli pápežovej návšteve sa školský rok skončil o deň skôr.

Krátko pred jedenástou hodinou sa na jasnej oblohe objavilo osobitné lietadlo talianskej spoločnosti Alitalia so slovenskou a vatikánskou vlajkou, aby presne o jedenástej hodine pristálo na slávnostne vyzdobenej ploche letiska. Z otvorených dverí lietadla najskôr vyzrel dva či trikrát jezuitský páter Roberto Tucci, hlavný organizátor pastoračných ciest Jána Pavla II. Potom začali vychádzať novinári, fotografi, ako i členovia pápežskej ochranky. Svätého Otca sprevádzali štátny sekretár kardinál Angelo Sodano a prefekt Kongregácie pre evanjelizáciu národov, náš kardinál Jozef Tomko.

Prezident Slovenskej republiky Michal Kováč víta Svätého Otca

Bozk Jána Pavla II. slovenskej zemi a privítanie chlebom a soľou

Asi po piatich minútach sa objavuje vo dverách lietadla svetoznáma postava v bielom šate, radostne očakávaný hosť, hlava katolíckej Cirkvi Svätý Otec Ján Pavol II.

Za nadšeného potlesku stoviek prítomných občanov sa ozývalo spoza plota letiskovej plochy z plných hrdiel známe: „Nech žije Svätý Otec, nech žije Svätý Otec!"

Ján Pavol II. odpovedá na srdečné privítanie a mohutné skandovanie jemu vlastným spôsobom, t. j. milým, láskavým pohľadom a tichým žehnaním. Pomaly schádza po schodíkoch a priateľsky máva vládnej delegácii, biskupom, ako i prítomným veriacim. Svoju štvordňovú pastoračnú návštevu Slovenska Ján Pavol II. koná na pozvanie Konferencie biskupov Slovenska, pána prezidenta Michala Kováča a pána predsedu vlády Slovenskej republiky Vladimíra Mečiara.

Prv, ako by sa Svätý Otec pozdravil s vládnymi a cirkevnými predstaviteľmi, dve mladé krojované dvojice oslovujú vzácneho hosťa z Vatikánu naším katolíckym „Pochválený buď Ježiš Kristus."

Prvá dvojica, súrodenci Zuzka a Marián Čermenský zo Sekúl, mu podáva v hlinenej miske slovenskú zem, aby ju na znak úcty a lásky k Slovensku a jeho obyvateľom mohol pobozkať a požehnať, keď si už pre zhoršený zdravotný stav nemohol pokľaknúť a urobiť to spontánne sám.

Na tomto mieste a v tejto súvislosti nemožno nespomenúť, že Svätý Otec pobozkal slovenskú zem už 22. apríla 1990 pri svojej prvej návšteve Slovenska, hoci vtedy jeho bozk slovenskej zemi nebol v diplomatickom protokole, pretože sme ešte neboli samostatným štátom.

Svätého Otca pozdravujú arcibiskup-metropolita Ján Sokol a kardinál Ján Chryzostom Korec

Treba poznamenať, že hrudky zeme pochádzali zo všetkých miest, ktoré pápež navštívil, teda z Bratislavy, Šaštína, Nitry, Košíc, Prešova a Levoče. Jedna prsť zeme bola vzatá aj z geometrického stredu Európy, z obce Krahule pri Kremnici. Hlinenú misku zhotovil modranský keramikár Jozef Franko. Je na nej v latinskej reči meno pápeža: Johannes Paulus II., jeho erb a biskupské heslo Totus tuus (Celý tvoj), ktoré si ponechal tiež ako kardinál, ale aj ako pápež.

Ďalej je na miske nápis Terra slovaca, (slovenská zem), štátny slovenský znak a mená všetkých navštívených miest s dátumom 30. 6. – 3. 7. 95. Zem spolu s maľovanou miskou bola uložená do sklenej schránky, zapečatená notárkou a umiestnená v Mestskom múzeu v Bratislave.

Druhá krojovaná dvojica, Paľko Vrábel z Bratislavy a Anka Ladičová z Košíc, podľa staroslovanského zvyku ponúkla Svätého Otca chlebom a soľou. Čierny rascový chlieb z ražnej a pšeničnej múky upiekli v Diakovciach neďaleko Šale a soľ bola zo Solivaru pri Prešove. „Keď som vlastnoručne miesila cesto, zimomriavky mi od vzrušenia behali po tele,“ priznala sa pani Marta Debrovská, manželka majiteľa pekárne. Hoci podobných chlebov pripravujú každú sobotu pre svojich stálych zákazníkov okolo 700, takéhoto významného človeka ním nikdy nehostili.

Po skončení tejto krátkej, ale milej symbolickej ceremónie privítali Svätého Otca prezident Michal Kováč, premiér Vladimír Mečiar a predseda NR Slovenskej republiky Ivan Gašparovič. Hneď za nimi vítali vzácneho hosťa cirkevní predstavitelia: nuncius Mons. Luigi Dossena, kardinál Ján Chryzostom Korec, bratislavsko-trnavský metropolita arcibiskup Ján Sokol, ako i všetci slovenskí biskupi, medzi ktorými bol i otec biskup Pavol Hnilica SJ z Ríma. Po nich pozdravili Jána Pavla II. členovia vlády a parlamentu a vedúci diplomatických zastupiteľstiev na Slovensku.

Z diplomatov prekvapil veľvyslanec Kuby pán Sanchez, ktorý pozdravil Jána Pavla II. v poľštine. Na druhý deň som mal možnosť osobne hovoriť s veľvyslancom. Potvrdil moju mienku, že predtým pôsobil ako diplomat v Poľsku. A bulharský vyslanec, určite proti všetkým protokolárnym predpisom, vzal so sebou k uvítaciemu ceremoniálu i svoju malú dcérku. Svätý Otec ju s láskou objal a pobozkal na čelo, ako to robí s deťmi na celom svete.

Potom nasledovali oficiálne prejavy. Najprv prehovoril prezident Slovenskej republiky pán Michal Kováč.

Vitajte, Svätý Otče!

Prejav prezidenta Slovenskej republiky Michala Kováča

Vaša Svätosť,

keď sme vás vítali počas vašej prvej návštevy pred piatimi rokmi, zazneli z úst najvyšších predstaviteľov slová o zázraku.

A bol to naozaj zázrak, že hlava rímskokatolíckej Cirkvi navštívila prvý raz v dejinách našu vlasť. Pre nás Slovákov to bola viac ako historická udalosť, lebo mala takpovediac aj prorockú dimenziu. Váš bozk udelený slovenskej zemi, podobne ako vyhlásenie Slovenska za samostatnú cirkevnú provinciu vaším predchodcom, Jeho Svätosťou Pavlom VI., boli znamením morálnej podpory Cirkvi nezvratnému historickému vývoju Slovenska k svojej nezávislej, slobodnej existencii. Toto sú viditeľné znaky citlivého záujmu Svätej stolice o Slovensko a hlbokého vnímania miesta a úlohy našej krajiny v duchovnom i geografickom priestore.

Slovensko vo vašej osobe vzdáva vďaku Bohu za život aj za osud, hoci pre náš národ nebol nikdy jednoduchý a ľahký. Znášali sme ho s veľkou trpezlivosťou a pokorou, ktorej sme sa naučili od Cirkvi. Dejiny boli pre nás neraz bolestné, ale bolesť sme nechápali ako trest. Bolesť bola pre nás skúškou vernosti a vytrvalosti. Dejiny potvrdzujú, že sme z týchto cností nepoľavili a že dvojkríž, znak našej viery, oprávnene zdobí slovenské štátne symboly.

Slovenský národ spája svoje rané obdobie, svoje počiatky, svoju etnogenézu a svoje dejiny s prijatím kresťanskej viery. Rozvinuli ju v nás a kultivovali svätci Cyril a Metod, ktorí sa vďaka vám, Svätý Otec, stali spolupatrónmi Európy. Oni nám dali písmo, Boží zákon i svetské pravidlá. Tým vložili kresťanské hodnoty do nášho národného organizmu ako chrbtovú kosť. Historické tlaky túto chrbtovú kosť ohýbali raz vpravo, raz vľavo, zohýbali ju až k zemi, ale zlomiť sa ju nepodarilo nikomu. Ani umelým úsiliam o odnárodnenie, ani takmer polstoročnej násilnej ateizácii, ktorá sa uskutočňovala v rozpore s našou bytostnou podstatou.

V tomto dramatickom zápase proti násiliu a neslobode, v katakombách bez biskupov a často bez kňazov hlavne veriaci vydali jasné svedectvo svojej lásky k pravde, k národu a k jeho kultúrnemu a mravnému dedičstvu. Desiatky biskupov, stovky kňazov a rehoľníkov obetovali svoju slobodu a niektorí aj svoje životy.

Napriek mnohým negatívnym javom väčšina našich občanov, Slovákov, Maďarov a príslušníkov ostatných národností, si zachovala svedomie, morálku, toleranciu, schopnosť odpúšťať, kladný vzťah k práci a postupne si buduje svoje národné povedomie a obnovuje náboženský život. Toto je jedna z devíz, ktoré môžeme ponúknuť spolu s vami tomuto času, tomuto kontinentu. Jeho vnútorná integrita sa nedá budovať trvácnejšie a pevnejšie na ničom inom ako práve na kresťanských hodnotách, ktoré tvoria osnovu jeho kultúry. V tomto si Slovensko uvedomuje svoje miesto v novodobých dejinách. Potvrdilo sa to už viac ráz a nielen v európskom, ale aj celosvetovom meradle.

Slovensko sa hlási ku kresťanstvu ústami vlády, parlamentu a prezidenta, ale aj zvnútra, vedomým úsilím, potrebou vyžarovať do priestoru a času pozitívne signály. Všetky naše cirkvi a náboženské spoločenstvá svojou mierou a možnosťami sa delia o zásluhy na duchovnom, ale aj sociálnom obrodzovaní národa a celej našej spoločnosti. Naše najväčšie cirkvi, katolícka a evanjelická, dali nášmu spoločenstvu mnoho ušľachtilých postáv a Slovensko si pamätá, že všade tam, kde ich aktivity nachádzali styčné body, bolo to na prospech stability a rozvoja.

Slovenský národ je poznačený duchovnosťou, ktorá je vášmu srdcu taká vzácna. Je to úcta k Božej Matke. Na jej počesť je u nás viac ako desať mariánskych pútnických miest, kde sa veriaci národ stretal, posilňoval sa vo viere v minulosti. Tu čerpá duchovnú silu i dnes, aby statočne uniesol svoj kríž, aby silnejší podporovali slabých, zdraví chorých, bohatí sa delili s chudobnými a všetci aby sme čerpali nádej do budúcnosti.

Svätý Otče, štyri dni, ktoré u nás pobudnete, i všetky miesta, ktoré navštívite, v skutočnosti akoby mapovali pôdorys našej identity. Viem, že sa na týchto posvätných miestach budete prihovárať za celý svet. No rovnako tuším, že nájdete slová modlitby aj za našu krajinu, ktorá na prelome vekov dary milosti rovnako potrebuje. Vašu návštevu, ktorá sa prelomovým spôsobom zapíše do našich dejín, vnímame v príbuzných súradniciach, v akých chápeme misiu svätého Cyrila a svätého Metoda.

Veď mnohé známky nášho dnešného rozpoloženia aj po tisícsto rokoch nastoľujú podobné otázky, aké geniálnym spôsobom riešili práve naši vierozvestovia. Aj dnes hľadáme svoje korene, svoju slovenskú a slovanskú identitu a zároveň dôstojné a bezpečné miesto v duchovnom a kultúrnom priestore, kam právom patríme. Pred piatimi rokmi ste nás nezabudnuteľným spôsobom zapálili pre demokraciu, slobodu, ktorú sme prijali ako zázrak. Dnes, v hodine únavy a rezignácie mnohých, vás prosím, aby ste nás povzbudili k odvahe, že by sme svoju vieru preniesli z oblasti súkromnej, z kostolov a modlitební, do oblasti politickej, kultúrnej a ekonomickej.

Svätý Otče, vítam vás na slobodnej slovenskej zemi ako posla pokoja, lásky a ľudského porozumenia. Vítam vás v mene nás takých, akí sme – smädných po pravde a dobrej zvesti, ale aj slabých a rozvadených. Vaša návšteva je pre Slovensko požehnaním.

Verím, že sa tu budete cítiť ako vo svojej druhej vlasti. Verím, že si vo vašej prítomnosti a vo vašich skutkoch lásky a pokoja nájdu nové impulzy veriaci i neveriaci. Verím, že vaša prítomnosť vleje do nášho národa a všetkých obyvateľov Slovenska nový prúd pokoja a mieru, prúd živej viery, lásky a nádeje.

Po prejave prezidenta Michala Kováča sa ujal slova vzácny hosť z Vatikánu, hlava katolíckej Cirkvi, pápež Ján Pavol II.

Po poďakovaní za láskavé pozvanie, ako i za srdečné prijatie Svätý Otec spomenul svoje lúčenie spred piatich rokov, pričom vyjadril túžbu ešte raz nás uvidieť, navštíviť Slovensko dlhšie, čo sa teraz stalo radostnou skutočnosťou.

Vybudovať nový slovenský štát na pevných základoch pravdy, solidarity a demokracie

Príhovor Svätého Otca na Letisku Milana Rastislava Štefánika v Bratislave

Pán prezident Slovenskej republiky, pán predseda vlády, ctihodní bratia biskupi, vážení občianski, politickí a vojenskí predstavitelia, bratia a sestry!

S pocitmi veľkej radosti vstupujem už po druhý raz na slovenskú zem. Ďakujem vám za srdečné prijatie. S úctou pozdravujem predovšetkým pána prezidenta Slovenskej republiky Michala Kováča, ktorému úprimne ďakujem za láskavé pozvanie na túto návštevu, ako aj za milé slová privítania, ktorými ma prijal. Zároveň chcem srdečne pozdraviť pána predsedu vlády Vladimíra Mečiara, ako aj členov vlády a parlamentu i tu prítomných občianskych a vojenských predstaviteľov.

S veľkou úctou pozdravujem kardinála Jána Chryzostoma Korca, symbolickú postavu slovenského svedectva v ťažkých časoch, a kardinála Jozefa Tomku, ktorý pochádza z tejto krajiny a je mojím verným spolupracovníkom. Môj srdečný pozdrav patrí miestnemu metropolitovi, arcibiskupovi Jánovi Sokolovi, a predsedovi Biskupskej konferencie Slovenska biskupovi Rudolfovi Balážovi, ako i všetkým ctihodným pastierom tejto partikulárnej cirkvi, ktorá vo svojich stáročných dejinách vedela dať žiarivé príklady vernosti Kristovi a evanjeliu.

S bratským pozdravom sa obraciam na členov rozličných kresťanských vierovyznaní a iných náboženských spoločenstiev tejto krajiny; s ich reprezentantmi budem mať zajtra osobitné stretnutie. Napokon s hlbokou úctou pozdravujem všetkých katolíkov a celý slovenský ľud, ako aj príslušníkov iných národných spoločenstiev žijúcich na Slovensku, najmä Maďarov.

Keď som sa s vami pred piatimi rokmi lúčil, vyslovil som túžbu ešte raz vás uvidieť. Krátko predtým sa skončila revolúcia, ktorú vtedy výstižne nazvali „nežná" či „zamatová". Dnes, keď sa uskutočňuje túžba, ktorú som vyslovil, vaša krajina dosiahla ďalší cieľ: Slovensko je samostatné a nezávislé. Vážnym a pokojným rokovaním sa v roku 1993 dva národy, český a slovenský, pokojne rozdelili.

Dali ste svetu znamenitý príklad, ako možno dialógom a rešpektovaním obojstranných práv riešiť problémy, ktoré môžu vzniknúť vo vzťahoch medzi národmi a štátmi.

Úloha, pred ktorou dnes stojí slovenská pospolitosť, je vážna a náročná: budovať nový štát na pevných základoch pravdy, solidarity a pravej demokracie svorným prispením všetkých jeho zložiek. Ovzdušie znovunadobudnutej slobody možno upevniť dialógom a rozšírenou spoluprácou aj s inými krajinami strednej a východnej Európy. Významným príkladom tohto úsilia je dohoda s Maďarskom o spolupráci a pokojnom riešení sporov, ktoré by mohli v budúcnosti vzniknúť.

Drahí Slováci! Dobre poznáme bolestné následky tvrdých rokov totalitného režimu, ktoré v minulosti spôsobili ozajstné spustošenie v oblasti sociálnej a politickej, kultúrnej a náboženskej. Dnes k vám prichádzam ako pútnik Ježiša Krista povzbudiť vás, aby ste pokračovali na ceste, ktorú ste nastúpili. Sloboda a pokoj sú výdobytky, ktoré treba deň čo deň chrániť a rozvíjať účinnou spoluprácou všetkých občanov.

Prichádzam vydať svedectvo o základnom príspevku, ktorým sa chcú veriaci zapojiť do budovania štátu, aby mu zabezpečili budúcnosť založenú na hodnotách pravdy a solidarity. Prichádzam najmä preto, aby som svojich bratov posilnil vo viere a všetkým opätovne zvestoval Ježiša Krista, jediného pravého Spasiteľa sveta.

Slovenské dejiny svedčia o tom, aká dôležitá je kresťanská tradícia. Ona je pevným základom, na ktorom možno postaviť život a rozvoj celej spoločnosti. Táto krajina je už od svojej prvej evanjelizácie zásluhou Cyrila a Metoda hlboko poznačená ohlasovaným evanjeliom. A sama ústava vašej republiky uznáva a predkladá bohaté občianske i duchovné dedičstvo kresťanstva ako program pre život v súčasnosti. Posolstvo svätých solúnskych bratov zostáva vždy platným orientačným bodom pre novú evanjelizáciu, ktorá má obrodiť všetky oblasti ľudskej existencie.

Toľkí odvážni synovia a dcéry tejto krajiny, odvolávajúc sa na tieto pevné kresťanské korene, odolávali v ťažkých rokoch skúšok a vytrvali, keď totalitný režim udúšal každú formu slobody, najmä slobody náboženskej. Vedomie takého bohatého dedičstva posilňovalo vieru a nádej všetkých tých – biskupov, kňazov, rehoľníkov a veriacich laikov – ktorí znášali nespravodlivé násilie, ba aj prenasledovanie, len aby zostali verní Kristovi a Cirkvi.

Keď som po skončení návštevy v roku 1990 odchádzal z Vajnor, zanechal som vám tento odkaz: „Nebojte sa! Nemajte strach!“

„Nebojte sa!“ opakujem vám dnes pri svojom príchode k vám. V čase budovania slobodného, samostatného a demokratického Slovenska treba dôverovať v Božiu pomoc a bez výhrad sa venovať upevňovaniu toho, čo ste už dosiahli.

Je nevyhnutné usilovať sa, aby všetci mali prístup k dobrám, ktoré sú potrebné pre čestný a činný život. Každému treba zabezpečiť možnosť trvalej práce, podporovať formy sociálnej solidarity voči najviac postihnutým vrstvám a chrániť základné demokratické práva všetkých občanov.

Okrem toho treba varovať mladšie generácie pred vidinami ľahkých úspechov, pred ziskom z nečestných podujatí, pred konzumizmom a hedonizmom, ktorým chýbajú ideály a hodnoty.

Treba tiež posilňovať demokratické ustanovizne podporovaním účasti všetkých občanov na verejnom živote štátu v správnej výmene názorov a plánov zameraných na zveľadenie spoločného dobra. Udalosti, ktoré sa odohrali v posledných rokoch tohto storočia, sú poučením, že proces obnovy spoločnosti môže vyznieť ako veľmi prechodný jav, ak nespočíva na solídnych mravných a kultúrnych základoch. A práve v tomto smere prispieva Cirkev k úplnému rozvoju štátu. Kresťanská kultúra, ktorá osvetľovala dejinnú cestu vášho ľudu, má aj dnes pomáhať Slovákom na ceste k svornému spolužitiu v spoločenstve európskych národov.

„Nebojte sa!" Takto nás povzbudzuje aj žiarivé svedectvo košických mučeníkov, ktorí zostali verní Kristovi až po preliatie krvi. Týchto troch mučeníkov s radosťou vyhlásim za svätých počas tejto pastoračnej návštevy. Marek Križin, Štefan Pongrác a Melichar Grodecký prišli na Slovensko ohlasovať evanjelium a ponúknuť svoju veľkodušnú pomoc tunajšiemu obyvateľstvu. Ich obeta zúrodnila túto zem a pripravila ju na prijatie evanjeliového semena, aby prinieslo úrodu.

Drahí bratia a sestry, pozývam vás na stretnutie na budúcu nedeľu, keď ich s radosťou pripojím k slávnemu zástupu svätých. Budeme tak spoločne ďakovať Pánovi za dar, že uvidíme týchto bratov zapísaných do Martyrológia Cirkvi, ktorá je na Slovensku.

V týchto dňoch budem mať možnosť navštíviť dve slávne mariánske svätyne: Baziliku Sedembolestnej Panny Márie v Šaštíne a Baziliku Navštívenia Panny Márie v Levoči, kam každý rok putujú vo veľkom počte veriaci z celého Slovenska. Budem sa môcť spolu s vami poďakovať preblahoslavenej Panne Márii za jej neprestajnú ochranu slovenského národa počas toľkých storočí jeho dejín. A práve Panne Márii, ktorú vzývate ako Sedembolestnú a ktorá je hlavnou patrónkou Slovenska, chcem už teraz zveriť dni svojho pobytu medzi vami, aby priniesli milosť a dobro pre všetkých.

S týmto želaním udeľujem vám a vašim drahým apoštolské požehnanie.

Svätý Otec počas svojho príhovoru na bratislavskom letisku

19

Svätého Otca pozdravili aj ďalší naši biskupi. Hore: Mons. Ján Hirka, Mons. Eduard Kojnok a Mons. Rudolf Baláž. Dole: Mons. Vladimír Filo, Mons. Dominik Tóth a Mons. Pavol Hnilica

Po prejavoch a pozdravoch sa Svätý Otec vydal spolu s arcibiskupom a metropolitom Bratislavsko-trnavskej arcidiecézy Mons. Jánom Sokolom v známom papamobile, vyzdobenom slovenskými a vatikánskymi štátnymi vlajkami, ulicami Bratislavy do Dómu svätého Martina, kde na neho čakali kňazi, rehoľníci a rehoľníčky, seminaristi, novici a novicky; celkový počet vyše tisíc účastníkov.

Prítomní vládni a cirkevní predstavitelia už na letisku vytvorili pre odchádzajúceho pápeža jasajúci špalier. Ďalšie zástupy pozdravovali nadšene milého hosťa na jedenásť kilometrov dlhej ceste ulicami Bratislavy. Mávajúc žlto-bielymi vatikánskymi vlajkami, kvetinami, ale i potleskom vyjadrovali radosť z príchodu Svätého Otca, ktorý tieto prejavy sympatie lásky a úcty odplácal rovnako milými gestami, ale hlavne stálym žehnaním jasajúceho davu.

Trasa pápežovho sprievodu viedla z Letiska M. R. Štefánika cez Ivánsku cestu, Galvaniho, Rožňavskú a Trnavskú ulicu, Račianske mýto, Šancovú, Štefánikovu, Staromestskú a Kapitulskú ulicu až do Dómu sv. Martina, ktorý pred niekoľkými mesiacmi bol vyhlásený za konkatedrálu Bratislavsko-trnavskej arcidiecézy.

Viacerým redaktorom sa počas tejto pápežovej cesty z letiska k Dómu svätého Martina podarilo zachytiť krátke, ale milé perličky, ktoré nám približujú duchovnú atmosféru čakajúcich na Svätého Otca. Jozef Štígel z Národnej obrody pod titulkom Sekundy a veky zaznamenal o. i.: „Bože, pápež je odo mňa na pár krokov, a ja ho nevidím," plačli-

Svätiaci biskupi zo Spiša, Prešova, Košíc a Nitry, Mons. Andrej Imrich, Mons. Milan Chautur, Mons. Bernard Bober a Mons. František Rábek pozdravujú Svätého Otca

vo zatiahla Zdenka Bednárová. Dva kroky pred ňou si v rovnakej chvíli vzdychla Mária Kandráčová: „Už som videla Svätého Otca, teraz môžem spokojne zomrieť."

Tu čerstvá absolventka filozofickej fakulty stihla uprosiť ochranku, aby zobrala jej promočné kytice do Dómu svätého Martina, tam zasa zbožná starenka už o pol šiestej zobudila vnuka, aby ju z Petržalky doviezol do mesta. Táto sa potom rovno oproti Dómu usadila na rozkladaciu stoličku, vytiahla ruženec a čakala.

Od šiestej sa začali pripájať ďalší, väčšinou starší ľudia, aby im historická chvíľa, príchod Jána Pavla II., neunikla. O jedenástej hodine zaplňal Židovskú ulicu hustý špalier čakajúcich.

V poludňajšej páľave ubiehal čas pomaly. Pred pol jednou zástupom zašumelo: „Už ide!" Vzácny hosť zakýval na pozdrav zástupu a vzápätí ho pohltil Dóm do svojho majestátneho vnútra. „To je už po všetkom?" sklamane sa prihovoril otcovi asi 12-ročný chlapec. „Niekedy má pár sekúnd väčšiu váhu ako celé veky," odvetil sklamanému synkovi otec. „Ale to pochopíš, keď ešte trocha podrastieš."

Počas celej cesty Jána Pavla II. z letiska do Dómu sv. Martina sa nevyskytli žiadne organizačné problémy, ťažkosti. Potvrdili to i slová bratislavského policajného šéfa, plk. Jána Jonisa, keď priznal, že polícia ešte nikdy tak dobre nespolupracovala s kňazmi ako práve teraz.

Možno si iba dodatočne, hoci trpko povzdychnúť: škoda, že táto spolupráca strážcov verejného poriadku s kňazmi nebola možná v rokoch 1950 až 1990.

Svätý Otec v papamobile na ceste do Dómu svätého Martina

Ján Pavol II. po príchode do Dómu svätého Martina krátko zotrval v tichej modlitbe

O 12.23 prišiel Ján Pavol II. k Dómu sv. Martina, aby o dve minúty neskôr, presne o 12.25, za zvukov fanfár vstúpil do historického chrámu. V Dóme bol nadšene, miestami búrlivo pozdravovaný sestričkami, kňazmi, rehoľníkmi, seminaristami, novicmi a novickami, ku ktorým pápež ako ich duchovný otec a Petrov nástupca potom prehovoril.

Po príchode do Dómu sv. Martina Svätý Otec Ján Pavol II. zotrval chvíľu v krátkej modlitbe, počas ktorej zbor spieval latinský hymnus Adoro Te devote (Klaniam sa ti vrúcne). Potom Ján Pavol II. začal liturgiu slova.

V mene Otca i Syna i Ducha Svätého. Amen. Pokoj s vami!

Modlime sa:

Všemohúci Bože, svätý biskup Martin ťa oslávil svojím životom i svojou smrťou. Aj v našich srdciach konaj divy svojej milosti, aby nás ani smrť ani život nemohli odlúčiť od tvojej lásky. O to ťa prosíme skrze nášho Pána Ježiša Krista, tvojho Syna, ktorý je Boh a s tebou žije a kraľuje v jednote s Duchom Svätým po všetky veky vekov. Amen.

Potom nasledoval privítací pozdrav otca arcibiskupa Mons. Jána Sokola.

Rehoľné sestry pozdravujú Kristovho námestníka

Vitajte v tomto starobylom Dóme!

Nám drahý a milovaný Svätý Otče!

Máme ešte v živej pamäti vašu návštevu tu v Bratislave vo Vajnoroch 22. apríla 1990. Hoci bola len niekoľkohodinová, zanechala hlboké dojmy v našich srdciach. Spomíname na ňu každoročne slávnostnou svätou omšou na mieste, kde sa uskutočnila.

Dnes, po piatich rokoch prichádzate opäť, aby ste nás ako svojich bratov a sestry povzbudili vo viere a Božiemu ľudu i celému národu vliali silu, nádej a odvahu. Tešíme sa a naše srdcia prekypujú radosťou z tejto chvíle, keď ste prišli medzi nás, sem do konkatedrály – Dómu svätého Martina v Bratislave. Tento starobylý chrám sa preslávil množstvom historických udalostí; veď bolo v ňom korunovaných osemnásť panovníkov.

Ale dnešná udalosť prevyšuje všetky doterajšie, keď víta Kristovho námestníka, nástupcu svätého Petra, hlavu katolíckej Cirkvi, vás, drahý Svätý Otče.

Vitajte medzi nami, posol Kristovho pokoja a lásky. Pozdravujem vás a vítam v mene otcov biskupov, kňazov, diakonov, reholníkov, reholníc, bohoslovcov, v mene Božieho ľudu, národa i v mene svojom. Všetci vám privolávame:

Požehnaný, ktorý prichádza v mene Pánovom.

Naše srdcia sú duchovne pripravené na vaše slová, ktoré nechceme len počuť, ale i prijať a v živote uskutočňovať. Žehnajte nám a celému národu, všetkým obyvateľom našej vlasti pod Tatrami. Vlejte nám nádej i svetlo!

S úprimným srdcom vám všetci privolávame: Vitajte nám, vitajte nám v tomto meste na Dunaji, v Bratislave.

Prítomní na znak súhlasu odmenili krátky a milý pozdrav arcibiskupa Jána Sokola silným potleskom.

Nato sa ujal slova Svätý Otec, ktorý si hneď po prvej vete získal srdcia svojich poslucháčov. Zatiaľ čo mu jeho osobný tajomník monsignor Stanislav Dziwisz podával text príhovoru a naznačil mu, aby ho predniesol posediačky, Ján Pavol II. sa po prvej vete energicky zdvihol zo stoličky a s úsmevom dal jasne najavo, že chce hovoriť postojačky.

Pochopiteľne, že takéto gesto vyvolalo spontánny potlesk a nadšenú ozvenu u prítomných. Bolo to prvé gesto, ale nie posledné, pretože vzácny hosť, Kristov námestník, nielen počas tohto prvého náboženského príhovoru jemne zažartoval, ale aj neskôr vo všetkych ďalších príhovoroch a kázňach svojimi improvizovanými vsuvkami, poznámkami, ako i otázkami svojich poslucháčov milo prekvapil a vyvolal nadšenie tisícov veriacich.

K prejavom Svätého Otca nie je potrebný žiadny komentár, ale niečo treba predsa vyzdvihnúť, pretože Ján Pavol II. práve svojou improvizáciou povedal toho viacej, ako nájdeme v úradných textoch jeho príhovorov.

V tejto publikácii dodané slová a vety sú v hranatých zátvorkách.

Vo svojom príhovore pápež vyšiel z 2. listu Korinťanom 2, 14: „Vďaka Bohu, ktorý nám vždy dáva víťazstvo v Kristovi a naším prostredníctvom zjavuje na každom mieste vôňu jeho poznania." Týmito slovami Apoštola národov vyjadril Bohu vďaku za to, že mu dožičil milosť byť v Dóme sv. Martina a môcť sa stretnúť s kňazmi, reholníkmi, reholníčkami, seminaristami, novicmi a novickami.

Dóm svätého Martina. Arcibiskup-metropolita Mons. Ján Sokol pozdravuje Svätého Otca

Nech sa vzdáva vďaka Bohu za vašu hrdinskú vernosť Kristovi počas štyridsať rokov komunistickej diktatúry

Príhovor Svätého Otca v Dóme svätého Martina

„Vďaka Bohu, ktorý nám vždy dáva víťazstvo v Kristovi a naším prostredníctvom zjavuje na každom mieste vôňu jeho poznania" (2 Kor 2, 14). [Najprv mi povedali, aby som si sadol, potom mi kázali vstať a ja som si hneď myslel, že lepšie bude, keď budem stáť."]

Týmito slovami apoštola Pavla vyjadrujem vďačnosť Pánovi za to, že mi dožičil byť dnes v tomto nádhernom Dóme svätého Martina, ktorý bol nedávno vyhlásený za konkatedrálu Bratislavsko-trnavskej arcidiecézy. Predovšetkým mám radosť z toho, že som s vami, drahí kňazi, rehoľníci, rehoľníčky [ich je tu viac] a mladí seminaristi. [Veľa mladých, veľa mladých. Bohu vďaka!] Všetkých vás srdečne pozdravujem.

Bratsky objímam arcibiskupa tejto arcidiecézy Mons. Jána Sokola a ďakujem mu za milé privítanie a za prejavenie duchovnej oddanosti. Pozdravujem ctihodných kardinálov Jána Chryzostoma Korca a Jozefa Tomku, ako aj pomocných biskupov miestneho arcibiskupa a ostatných prítomných biskupov. [Pána arcibiskupa Bukovského z Moskvy a tiež aj pána arcibiskupa Mc Cariccka zo Spojených štátov, pána veľvyslanca pri Svätej stolici.]

V tomto pôsobivom duchovnom ovzduší nemôžem nespomenúť diecézneho kňaza a kanonika Marka Križina a rehoľníkov zo Spoločnosti Ježišovej Štefana Pongráca a Melichara Grodeckého, ktorých budem mať česť vyhlásiť za svätých práve počas tejto mojej pastoračnej návštevy. Nech sa vzdáva vďaka Bohu, ktorý nikdy nenecháva svoj ľud bez svätých vodcov a pastierov! Vôňa svätosti týchto patrónov sa šíri do celého spoločenstva Cirkvi a prostredníctvom neho do celého sveta.

Drahí bratia a sestry, počas štyridsať rokov komunistickej diktatúry mnohí z vás hrdinsky dokazovali svoju vernosť Kristovi. Pápež vám dnes v mene Cirkvi vyslovuje svoje uznanie. Predĺžili ste v sebe utrpenie Ježiša Krista: s ním ste trpeli, s ním ste úspešne odolávali nespravodlivosti a násiliu, s ním sa teraz môžete tešiť, že ste víťazne obstáli v skúškach. [A o tom ja niečo viem, lebo som zblízka, z druhej strany Tatier. Viem dobre, ako bolo tam, a viem dobre, ako bolo tu. Tu bolo ťažšie, ťažšie. Dúfam, že to prinesie svoje ovocie. Keď sa dívam na tie mladé sestričky, na mladých seminaristov – tak si myslím – oni sú tým ovocím.]

Vzdávam vďaky Bohu za tento obdivuhodný príklad vernosti. Dnes možno povedať, že vaše utrpenie prežívané v spojení s ukrižovaným Kristom nebolo márne, ale prinieslo a ešte prinesie bohaté ovocie svätosti a množstvo Božích milostí. [Sanguis martyrum – semen christianorum – (Krv mučeníkov je semenom nových kresťanov) – vždy.]

Drahí kňazi, ak ste boli hatení v riadnom vykonávaní pastorácie, ak ste nemali knihy a učebnice na štúdium a hlbšie poznanie Božieho slova a dokumentov Učiteľského úradu Cirkvi, dnes môžete žiť svoje kňazské povolanie v slobode, po ktorej ste tak veľmi túžili. Nik nemôže lepšie oceniť toto šťastie ako vy. To by vás malo pobádať, aby ste si doplňali a skvalitňovali duchovnú a kultúrnu formáciu, a tak získali to, o čo ste prišli v čase tvrdej skúsenosti s diktátorským režimom, a zároveň naplno zodpovedali súčasným požiadavkám kňazskej služby.

So zrakom upretým na Ježiša Krista prehlbujte si vedomie svojej kňazskej identity: ste pre Cirkev a v Cirkvi sviatostnými reprezentantmi jediného a večného Kňaza. S autoritou Pána Ježiša, Hlavy a Pastiera, ohlasujete slovo, opakujete úkony odpúšťania a obety a prejavujete láskavú starostlivosť, keď sa obetujete v službe Božiemu ľudu.

Kristovi kňazi naveky [naveky]! Ste stále vzácni pre Cirkev i pre svet: dnes v slobode, tak ako včera v nanútenej skrytosti. Cirkev, ktorá sa pripravuje na slávenie tretieho kresťanského tisícročia, si uvedomuje nevyhnutnosť novej evanjelizácie, ktorá je úlohou celého spoločenstva Cirkvi. Samozrejme, že v tomto rozsiahlom a záväznom poslaní je váš príspevok prvoradý a nenahraditeľný.

Práve preto, aby ste boli nositeľmi radostnej evanjeliovej zvesti s láskou Dobrého Pastiera, usilovne pestujte duchovný život a využívajte všetky prostriedky „všeobecné i osobité, tradičné i nové, ktoré Duch Svätý neprestajne dáva Božiemu ľudu a ktoré Cirkev odporúča, ba niekedy aj predpisuje na posvätenie svojich členov" (*Presbyterorum ordinis*, č. 18). Takýmito prostriedkami sú: zodpovedné plnenie kňazskej služby, pestovanie čností čistoty, chudoby a poslušnosti, náležité slávenie svätej omše, dôsledná modlitba liturgie hodín, svätý ruženec, rozjímanie a pravidelné prijímanie sviatosti pokánia. Toto je nevyhnutný asketický program, ak chcete dosiahnuť svätosť života, ktorú vyžaduje účasť na Kristovom kňazstve.

Veľmi užitočné a účinné sú aj duchovné cvičenia. Odporúčam vám dať si ich do programu pravidelne každý rok. Povzbudzujem a nabádam vás, aby ste si ich nielen konali, ale aby ste sa z presvedčenia stali apoštolmi týchto chvíľ uvažovania a modlitby, ktoré sú užitočné nielen pre zasvätené osoby, ale aj pre veriacich laikov. [Tu je pán Silvo Krčméry, on o tom veľa vie.]

V tejto veci II. vatikánsky koncil pripomína, že všetci veriaci majú právo očakávať z úst kňazov slovo živého Boha (porov. tamtiež č. 4). Keď sa toto slovo denne číta, modlí a medituje vo svetle cirkevných Otcov a dokumentov Učiteľského úradu, je jedinečným prameňom, z ktorého vás vyzývam čerpať bohaté a zdravé učenie. Ono je ako „duchovný liek pre Boží ľud" (*Rímsky pontifikál, De Ordinatione Presbyterorum*).

Nezanedbávajte ani štúdium sociálnej náuky Cirkvi, aby ste mohli veriacim ponúknuť zásady a hodnoty, ktorými sa budú inšpirovať v úsilí slúžiť spoločnému dobru svojej krajiny – Slovenska.

Drahí bratia v kňazstve, usilujte sa vytvoriť harmonickú jednotu medzi kňazskou službou, modlitbou a štúdiom. Buďte hlboko presvedčení, že tak ako modlitba robí účinným vaše pastoračné úsilie, podobne aj čas venovaný štúdiu a pastoračnej i kultúrnej obnove posilňuje váš duchovný život a skvalitňuje vašu kňazskú službu.

Teraz sa chcem osobitne prihovoriť vám, rehoľníci a rehoľníčky. Vaša prítomnosť v Cirkvi je dar, ktorého sa nemožno vzdať. Záväzkom zachovávať evanjeliové rady ste pre všetkých – uprostred pominuteľných časných skutočností – dôrazným upozornením na nehynúce hodnoty Božieho kráľovstva.

Aké výrečné svedectvo o viere v Boha a o láske k blížnemu ste vedeli vydávať v skrytosti v temných rokoch totality. Viera v Boha a láska k blížnemu nadobudli podobu odpustenia a modlitby za tých, čo boli zodpovední za prenasledovanie, ktoré vás malo zničiť; [prenasledovanie, ktoré vás malo zničiť] nadobudli podobu vytrvalej trpezlivosti, aby nové generácie nezostali bez daru Bohu zasväteného života; nadobudli podobu prorockého svedectva v temnotách skúšky, že svitnú lepšie časy. [Svitnú lepšie časy. Stalo sa tak! Dokonca aj pápež prišiel na Slovensko, do Bratislavy.]

Pán bol s vami v tých ťažkých rokoch. Jeho láska vás posilňovala, rozširovala vám srdce a učila vás ochotne brať na plecia Kristov kríž a kráčať úzkou cestou, ktorá vedie k pravému životu. Vaše svedectvo bolo veľké a Cirkev je vám zaň vďačná. [Cirkev je vám vďačná za vaše svedectvo.]

V myšlienkach sa obraciam aj na drahé klauzúrne sestry. Ich tichá prítomnosť uprostred Božieho ľudu je dar, ktorý treba prijať a stále viac si ho vážiť.

Preto vás povzbudzujeme, drahé sestry, aby ste svojím životom naplneným modlitbou odporúčali Pánovi potreby, obavy a nádeje súčasného ľudstva. Vyprosujte preň najmä najvyššie dobro spásneho stretnutia s Vykupiteľom.

Tento trvalý záväzok modliť sa za bratov a sestry vám pomôže rýchle napredovať v asketickom úsilí. Tak budete v skrytosti a v tichu kláštora služobnicami Pána v službe jeho Cirkvi.

Drahí bratia a sestry, všetci spolu v rozmanitosti chariziem a služieb, ktoré vzbudzuje Duch Svätý, pozerajte do budúcnosti s nádejou. Posilňovaní Pánovou milosťou vytrvajte radostne a pokojne v úsilí o osobné posvätenie a apoštolskú horlivosť.

Vaša pastoračná láska – kňazi, vaše radostné bratstvo – rehoľníci a rehoľníčky, a vaša ustavičná modlitba, klauzúrne sestry, nech sú oporou a povzbudením pre tých z novej generácie, ktorých Pán volá, aby sa plne zasvätili iba jeho službe.

Cirkev, ktorá je na Slovensku, očakáva od vás veľa, drahí seminaristi, novici a novicky. Odpovedajte veľkodušne Pánovi, ktorý vás volá, aby ste ho nasledovali. Pripravte sa, aby ste boli odvážnymi svedkami jeho evanjelia, pohotovými odolávať ťažkostiam a protivenstvám, a aby ste zostali verní tomu, ktorý si vás vyvolil za sprostredkovateľov svojej milosrdnej lásky.

Na všetkých zvolávam nebeskú ochranu preblahoslavenej Panny Márie. Nech vás Božia Matka sprevádza a nech urobí vašu každodennú službu bohatou na ovocie najmä pri posilňovaní tých, čo trpia a sú opustení. Nech vám pomáhajú svätí patróni Slovenska.

Nech vás povzbudzuje aj uistenie, že budem na vás pamätať v modlitbe. To potvrdzujem aj svojím osobitným apoštolským požehnaním, ktoré s radosťou udeľujem vám tu prítomným a všetkým vašim drahým v Pánovi. [Pán Boh zaplať. Tiež tu vidím jedného biskupa z Bulharska, tu sedí.]

Príhovor Petrovho nástupcu bol viackrát prerušovaný súhlasným potleskom, vystupňovaný ešte po skončení príhovoru, ako aj po udelení pápežského požehnania. Požehnaniu predchádzala spoločná modlitba Pána – Otčenáš – po latinsky. Zaspievaním pápežskej a slovenskej chrámovej hymny sa stretnutie v Dóme skončilo.

Z konkatedrály sv. Martina sa Svätý Otec odobral v papamobile po Staromestskej uli- *ci, Suchom mýte a bývalom Hlinkovom námestí, pozdravovaný tisíckami veriacich i neveriacich, na Apoštolskú nunciatúru v kláštore uršulínok.*

Nunciatúra bola miestom pápežovho prechodného pobytu v Bratislave. Tu poobedoval, krátko si odpočinul a vydal sa vrtuľníkom do slávnej a starobylej Nitry na stretnutie s mládežou., ktorá sa tam zišla nielen z celého Slovenska, ale i zo zahraničia.

NITRA

30. júna 1995

Stretnutie s mládežou Slovenska

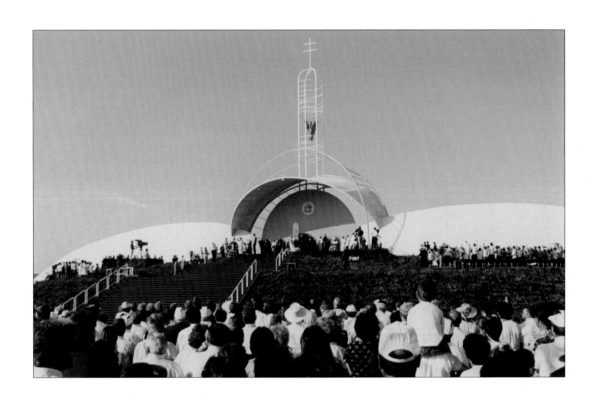

Nitra milá, Nitra, kdeže sú tie časy, kedy si ty kvitla...

Keď sa v lete v roku 1994 začalo hovoriť o druhej návšteve Jána Pavla II. v našej vlasti, mnohí z nás si kládli otázku: Je možné, že Svätý Otec príde opäť na Slovensko, ale pre svoj zhoršený zdravotný stav po ťažkej operácii navštívi iba dve naše najznámejšie pútnické miesta, národnú mariánsku svätyňu v Šaštíne a Mariánsku horu v Levoči?

Pritom mnohí z nás viac súkromne a skromne vyslovovali otázku: Nemal by Kristov zástupca na zemi navštíviť i našu starobylú a slávnu Nitru? Predsa k histórii mesta pod Zoborom sa viaže vláda kniežat Pribinu a Svätopluka.

Sem prišli naši vierozvestovia svätí Cyril a Metod evanjelizovať našich predkov. Pre nás Slovákov a ďalších Slovanov je naša sta-robylá Nitra kolískou kresťanstva. Salzbur-ský biskup Adalrám posvätil v roku 829 prá-ve v Nitre prvý kresťanský kostol na Sloven-sku.

Terajší nitriansky biskup kardinál Ján Chryzostom Korec vo svojej známej knihe Cirkev v dejinách Slovenska to komentuje so zjavným vnútorným vzrušením, ako i s nadše-ním: „Prvý chrám v Nitre! Prvý kresťanský chrám na Slovensku, ba prvý v celej oblasti stredovýchodnej Európy a medzi Slovanmi vôbec. Miesto, cez ktoré hovoria veky, mies-to dýchajúce vierou minulých pokolení náro-da zasväteného krstom Bohu.“

Všetky tieto priority korunuje zriadenie biskupstva v roku 880, prvého na území strednej Európy vôbec. Preto právom naši

Vrtuľník so Svätým Otcom na palube prilieta do Nitry-Janíkoviec

básnici nazvali Nitru „slovenská mať" alebo „slovenský Sion". Nemáme druhé slovenské mesto, čo by si viac zaslúžilo tento titul.

Keď začiatkom marca 1995 páter Roberto Tucci SJ ako hlavný organizátor pastoračných ciest Svätého Otca navštívil Slovensko a zo Šaštína prišiel i do Nitry, bol to jasný znak, že Ján Pavol II. príde, i keď iba nakrátko, aj do staroslávnej Nitry. Deo gratias! Te Deum laudamus!

Teraz už vieme, že návšteva Nitry bola zaradená do programu na výslovnú žiadosť Svätého Otca.

V Nitre sa chcel stretnúť s otcom kardinálom Jánom Chryzostomom Korcom, ktorého Svätý Otec už na letisku v Bratislave pozdravil „s veľkou úctou ako symbolickú postavu slovenského svedectva v ťažkých časoch", a so slovenskou mládežou.

Mládeži venoval Karol Wojtyla osobitnú pozornosť ako mladý kňaz, neskôr ako biskup, a ako námestník Kristov získal si mládež sveta v prvý deň svojho pontifikátu, keď 22. októbra 1978 po skončení slávnosti uvedenia do nového úradu na Svätopeterskom námestí z okna svojej pracovne vyhlásil: „Mládež je nádejou sveta, Cirkvi, a je i mojou nádejou."

Mladí ľudia cítia, že pápež ich berie vážne, pretože ich pozorne počúva, rozumie im, ale predovšetkým že ich otcovsky miluje. To je dôvod, prečo Svätý Otec priťahuje mládež, kdekoľvek sa objaví. A tak to bolo i v Nitre v onen historický piatkový slnečný a radostný podvečer 30. júna 1995.

Na letisku v Nitre-Janíkovciach pred príchodom Petrovho nástupcu koncelebrovali pre čakajúcich veriacich slovenskí biskupi

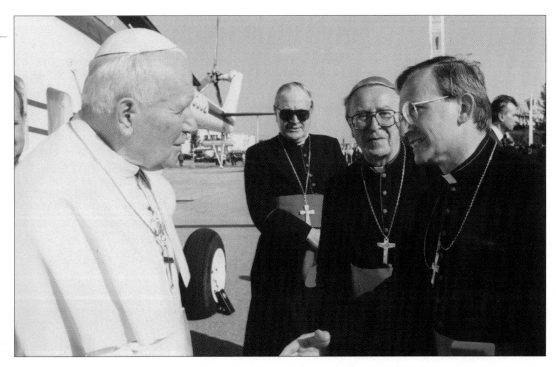

Kardinál Ján Chryzostom Korec spolu so svätiacim biskupom Mons. Františkom Rábekom pozdravujú Svätého Otca. Uprostred je štátny sekretár Vatikánu kardinál Angelo Sodano

s otcom kardinálom Jánom Ch. Korcom svätú omšu, ktorá sa začala asi o 15.30. Homíliu povedal trnavský arcibiskup Mons. Ján Sokol. Potom nasledoval bohatý duchovný program mládežníckych skupín so spevom. Bola to zároveň príprava na liturgickú slávnosť so Svätým Otcom, ktorý mal prísť krátko po 17. hodine.

Vyše štyristotisíc mladých chlapcov i dievčat, ale aj dospelých veriacich prišlo do mesta pod Zoborom, do starobylej Nitry na stretnutie so Svätým Otcom so žltooranžovou šatkou na krku, na ktorej bol nápis „Vdýchni do ich sŕdc slovo tvojho synovstva“. Nápis pripomínal duchovný závet umierajúceho svätého Cyrila, prosiaceho o dar Ducha Svätého pre kresťanov na našom území.

Okrem nápisu bol na šatke zobrazený červený obilný klas. Autorom ideového návrhu šatky bol nitriansky pomocný biskup Mons. František Rábek a jej výtvarnej podoby profesor Gymnázia sv. Cyrila a Metoda v Nitre Juraj Vontorčík.

Do Nitry prišlo pozdraviť Svätého Otca aj vyše päťdesiat vozíčkárov a telesne postihnutých všetkých vekových kategórií. Medzi nimi bol aj bývalý príslušník hasičského zboru 54-ročný Martin Líška z Opatovej pri Trenčíne, ktorý pri tejto príležitosti s úctou povedal: „Veľká osobnosť Svätého Otca mi dáva vnútornú silu znášať vlastné ťažkosti a prekonávať bolesť.“

Stojí za zmienku, ako z rodného Poľska zvláštni „maratónci“ milo prekvapili Jána Pavla II. Za dvadsaťsedem hodín absolvo-

Mladí mávaním a skandovaním pozdravovali Svätého Otca

vala bežecká štafeta tristopäťdesiat kilometrov z Krakova do Nitry na stretnutie so Svätým Otcom. Z Krakova bežci vyštartovali vo štvrtok o 9. hodine, nepretržite sa striedali po troch kilometroch a do Nitry dobehli presne na pravé poludnie. Ako dar pápežovi priniesli veľkú, umelecky vyhotovenú farebnú sviecu, ktorú kamera počas slávnosti častejšie priblížila televíznym divákom.

V Nitre bolo možné vidieť pestrofarebný mikrobus z Ukrajiny. Mladá 19-ročná Valentína, ktorej sa na žltom tričku skvel pápežov portrét, radostne prezradila: „Sme desiati a pápeža chceme sprevádzať po celej jeho trase na Slovensku. Stovky kilometrov nás nemôžu odradiť. Je pre nás jednoduchšie prísť sem než do Vatikánu" a ukazujúc na kučeravého mládenca dodala: „S Vasiľom sa

budeme čoskoro brať a chceme spolu so slovenskou mládežou dať pápežovi sľub predmanželskej zdržanlivosti. Chceme prosiť aj za pokoj v Čečensku, lebo Vasiľovi rodičia pochádzajú práve odtiaľ."

Podľa odhadov sa na letisku v Nitre-Janíkovciach do príchodu vzácneho hosťa zhromaždilo tristo až štyristotisíc veriacich, predovšetkým mladých, ale i dospelých a starších ľudí. Približne o 17.25 zavládlo na obrovskom priestranstve letiska na okamih slávnostné a radostné tiché napätie. Z vrtuľníka, ktorý práve pristál, pomaly vystupuje Svätý Otec.

Chvíľku ticha vystriedali burácajúce ovácie mladých Sloveniek a Slovákov, ale i mládeže zo susedných krajín; nádej budúcnosti, Cirkvi, ale i pápeža.

Pri vítaní nechýbal ani primátor mesta Nitry pán Vladimír Libant

Niet sa čo diviť, že nálada čakajúcich, tak mladých ako aj starších veriacich, bola vynikajúca. Nadšená atmosféra pripomínala tak trocha koncert slávnej hviezdy. Výkriky mladých dievčat, mávanie žltými šatkami, spontánne reakcie a slzy radostného dojatia v očiach prítomných, to všetko prezrádzalo neopísateľnú radosť. Málokedy zaznelo na niektorom letisku toľko skandovania a ovácií ako práve v Nitre-Janíkovciach.

Prv než vzácny hosť nastúpil do papamobilu, privítal ho otec kardinál Korec a primátor Nitry Ing. arch. Vladimír Libant. Primátor redaktorovi Nitrianskych novín povedal: „Svätého Otca som privítal na území mesta v mene Nitranov a všetkých prítomných a požiadal som ho o krížik na čelo. Bolo to krátke, zdvorilostné zvítanie, počas ktoré-

ho Svätý Otec adresoval mestu a veriacim duchovné povzbudenia. Zaželal som mu príjemný pobyt medzi nami, v našej slávnej Nitre. Medzitým otec kardinál Korec oboznámil pápeža s tým, že mám dvoch synov bohoslovcov, takže jedno požehnanie bolo adresované im, rodine a prítomným.“

Nato Ján Pavol II. vystúpil s otcom kardinálom do papamobilu, aby spolu prešli jednotlivé sektory letiska. Pápež milo, otcovsky opätoval pozdravy ľudí a žehnal jasajúce davy.

O chvíľu to robil zo šesť metrov vysokej tribúny, na ktorú sa dostal výťahom. Priateľským mávaním a žehnaním zdravil tri- či štyristotisíc prítomných.

Po operácii bedrového kĺbu v apríli 1994 Svätý Otec už nevystupuje na tribúny pešo,

Ján Pavol II. pozdravuje mládež, ktorá prišla do Nitry na stretnutie s ním

36

ako roky predtým, ale provizórnym výťahom, ktorý ho na tribúnu vyvezie.

Po srdečnom privítaní Svätého Otca zhromaždenými pozdravuje Jána Pavla II. Jeho Eminencia nitriansky diecézny biskup Ján Chryzostom kardinál Korec, ktorý stratil na chvíľu na jednom mieste od dojatia reč a v jeho očiach sa zaiskrili úprimné slzy.

Svätý Otče,

tu na tomto mohutnom oltári ešte mohutnejšie množstvo veriacich vás prišlo pozdraviť, aby vás počúvali a aby sa s vami modlili. Po pravej strane vidíme starobylú nitriansku katedrálu s hradom. A tu je jeden ďalší symbol – je to storočná lipa, v ktorej naši ľudoví rezbári objavili Ukrižovaného a odkryli ho. Táto storočná lipa tu zostane ako pamiatka na vašu návštevu možno sto, možno dvesto, možno viac rokov.

Svätý Otče! Úprimne vás pozdravujeme tu v starobylej a staroslávnej Nitre a z celého srdca vás vítame. Otcovia arcibiskupi, otcovia sídelní i pomocní biskupi Slovenska a uprostred nás apoštolský nuncius, ale aj náš rodák kardinál Jozef Tomko.

Svätý Otče! Pozdravujem vás v mene našich slovenských i maďarských veriacich, v mene našich veriacich Rómov i v mene tu prítomných veriacich bratského Poľska na čele s pánom veľvyslancom. Z celého srdca vás pozdravujem za prítomnosti otcov biskupov z Čiech a Moravy na čele s otcom kardinálom z Prahy. Takisto vás pozdravujem za vzácnej prítomnosti otca arcibiskupa Mc Carricka z arcidiecézy Newark v Spojených štátoch amerických, ktorý s tu prítomným Dr. Sarauskasom sú našimi veľkými dobrodincami a stoja na čele komisie *Ad hoc* pre pomoc v strednej a východnej Európe. Takisto vás pozdravujem za prítomnosti bulharského otca biskupa. Celkom osobitne vás pozdravujem v mene našich mladých chlapcov a dievčat z celého Slovenska, ktorým zvlášť patrí toto stretnutie so Svätým Otcom – nástupcom Petrovým. Som rád, že vás môžem pozdraviť za prítomnosti duchovného správcu zboru evanjelickej Cirkvi tu v Nitre.

Celkom osobitne by som chcel vyzdvihnúť vzácnu prítomnosť našich štátnych predstaviteľov – prezidenta Slovenskej republiky s manželkou, predsedu slovenského parlamentu takisto s manželkou a sprievodom i predsedu vlády Slovenskej republiky s manželkou a deťmi, s ministrami a ich sprievodom. Sú tu i predstavitelia kultúrnych a iných slovenských inštitúcií, a tu by som chcel zvlášť vyzdvihnúť prítomnosť niekoľko sto príslušníkov slovenskej armády.

Svätý Otče, pozdravujem vás z celého srdca aj v mene našich chorých Rodiny Nepoškvrnenej, ktorí sú vám takí blízki a známi. Roky a roky sa za vás modlia a obetujú.

Svätý Otče, Nitra vás pozdravuje ako najstaršie mesto Slovenska. Tu v Nitre bol postavený prvý kresťanský kostol celej strednej a východnej Európy roku 829. Po tejto pôde celkom iste, tak ako aj na bratskej Morave, kráčali a tu ohlasovali tajomstvo Kristovo svätí Cyril a Metod, ktorí hlásali evanjelium i českému kniežaťu Bořivojovi. Tu celkom blízko vás, Svätý Otče, sú relikvie sv. Cyrila-Konštantína, ktoré pretrvali 1100 rokov a ctíme si ich v katedrále v Nitre. Písomné dielo sv. Cyrila a Metoda – preklad Svätého písma do staroslovienčiny a bohoslužobné knihy položil pri ich návšteve v Ríme roku 867 váš dávny predchodca Hadrián II. na oltár v chráme Panny Márie *Ad praesepe* (K jasličkám).

Ďalší váš dávny predchodca, pápež Ján VIII., ustanovil tu v Nitre roku 880, ešte za života svätého Metoda, diecézu, prvú diecézu v celom priestore od Mníchova po Novosibirsk, ktorej metropolitom bol arcibiskup svätý Metod.

Kresťanstvo sa z týchto miest Veľkej Moravy šírilo na všetky strany medzi Slovanmi. Nitra mala okolo roku 1000 čulé styky viery s vaším milovaným Krakovom, tu v Nitre žil a bol pochovaný svätý Svorad, pochádzajúci z poľskej Tropie. Aj jeho vzácne relikvie, spolu so sv. Benediktom, sú tu, Svätý Otče, blízko vás. Prechovávame ich tisíc rokov v nitrianskej katedrále.

Svätý Otče, kresťanstvo posväcovalo náš národ 1100 rokov, preniklo do našich rodín a obcí, z neho vyrástli naše chrámy, Cirkvi patria naši svätci, počnúc od svätého Gorazda, z evanjelia sa rozvíjala naša kultúra a celý náš život. Tisíc rokov sme spojení s Rímom a s Petrovými nástupcami, a to aj naši bratia východného obradu. Cirkev bola učiteľkou a matkou Slovenska, Panna Mária Sedembolestná bola vždy našou ochranou.

Posledných päťdesiat rokov života sme prežili v prenasledovaní, a to v prenasledovaní veľmi tvrdom, ako ste to povedali v Bratislave na letisku, ale milosťou Božou sme zostali verní viere a Pánovej Cirkvi. Po spustošení, ktoré spôsobil neúprosný ateizmus, sme roku 1989 začali všetko znova budovať, od 1. januára 1993 v samostatnej Slovenskej republike. Je u nás, Svätý Otče, mnoho vernosti i nadšenia, najmä medzi našimi mladými ľuďmi, ale aj po všetkých obciach a mestách nášho Slovenska. Žiaľ, pustošenie ateizmu poznačilo dve generácie národa – takmer nás všetkých. Potrebujeme prehlbovať svoju vieru, vieru v tajomstvo Ježiša Krista a v tajomstvo jeho Cirkvi. Potrebujeme sa prehlbovať v oddanosti Božej Cirkvi, hlbšie chápať jej tajomstvo v Kristovi, jej ustanovenie na Skale – Petrovi a na apoštoloch a ich nástupcoch – biskupoch. Potrebujeme väčšiu a hlbokú jednotu vo viere. Potrebujeme hlbokú úctu k človekovi, potrebujeme svornosť a potrebujeme spoluprácu. Preto sme sa zhromaždili aj okolo vás, Svätý Otče, ako okolo

Petra – Skaly. Vy už svojou prítomnosťou nás zjednocujete v Kristovi a posilňujete nás v láske a v jednote k jeho Cirkvi. Kristus, *Redemptor hominis*, nám roku 1989 v slobode otvoril brány nádeje. Svätý Otče, posilnení vašou prítomnosťou, sprevádzaní vašou modlitbou a vašimi darmi, chceme poslúchnuť všetky vaše výzvy i vašu výzvu poslednú: chceme s Božou pomocou prekročiť prah nádeje a tak ísť v ústrety tretiemu tisícročiu aj na našom Slovensku, keď si budeme pripomínať najväčšiu udalosť tejto zeme – príchod Ježiša Krista, v ktorom jedinom vidíme záchranu sveta, záchranu svojho národa, záchranu nášho štátu i našich životov. Svätý Otče, žehnajte nás!

Prv než Svätý Otec začal svoj príhovor, nasledovali čítania zo Svätého písma, ako i krátke modlitby a piesne v podaní 1200-členného speváckeho zboru z rôznych častí Slovenska. Za všetkých mladých ho pozdravili dvaja zástupcovia:

Mládenec: Svätý Otče, v tejto zázračnej chvíli sa chceme poďakovať nášmu nebeskému Otcovi za to, že ste tu dnes s nami, a vyjadriť úprimnú radosť našich sŕdc za mladých ľudí celého Slovenska.

Dievča: Vaša prítomnosť dokazuje veľkú lásku k nám mladým a porozumenie pre naše problémy. Ukazujte nám jedinú pravú cestu životom, cestu evanjelia, bezhraničnej dôvery v Krista a k jeho Cirkvi.

Mládenec: Chceme sa v tejto vzácnej chvíli spolu s vami modliť, cez vaše slová počúvať Krista, nášho Dobrého Pastiera, aby sme dokázali žiť ako Boží synovia a dcéry a plniť svoje poslanie v Cirkvi a vo svete.

Dievča: Veríme, že vašu dôveru, ktorú do nás vkladáte, nesklameme.

Potom sa ujal slova Svätý Otec a všetkých prítomných pozdravil:

Som vďačný Pánu Bohu a som rád, že som mohol prísť do staroslávnej Nitry, ktorá je Betlehemom kresťanstva na Slovensku. Pozdravujem tu prítomných vzácnych predstaviteľov štátneho života Slovenskej republiky i ostatných vzácnych hostí. Pozdravujem všetkých vás veriacich, najmä však vás, drahí mladí priatelia.

Tu v Nitre bol postavený prvý kresťanský kostol a v roku 880 zriadená prvá diecéza na tomto území. Tu pôsobili svätí Cyril a Metod, dnes spolupatróni Európy. Vy ste zostali cez 1100 rokov verní viere, ktorú oni ohlasovali. Zostali ste verní Cirkvi, Rímu do dnešného dňa. Ďakujem za to spolu s vami Pánu Bohu, ďakujem Pánu Bohu i vám, že ste si zachovali vieru i v čase komunistickej ateizácie. Modlím sa, aby ste boli teraz, po dosiahnutí slobody, vo viere jednotní – biskupi s kňazmi, veriacimi, spojení s nástupcom Petrovým. Dnešná doba si túto vašu jednotu zvlášť naliehavo vyžaduje ako jasné svedectvo Kristovi tu na Slovensku, pred svetom. Buďte jedno v Kristovi a v jeho Cirkvi.

Modlime sa: Dobrotivý Otče, ty si poslal na svet svojho Syna ako pravé svetlo, prosíme ťa, nech Duch Svätý otvára naše srdcia, aby sme si verne zachovali dedičstvo svätého Cyrila a Metoda, statočne vyznávali vieru, v radosti žili nádej a v obetavosti rozdávali lásku a tak žili v pokoji ako jedna rodina. Skrze nášho Pána Ježiša Krista, tvojho Syna, ktorý je Boh a s tebou žije a kraľuje v jednote s Duchom Svätým po všetky veky vekov. Amen.

Ján Pavol II. prejavil tiež v Nitre svoju bezprostrednosť, svoje majstrovské umenie v styku s mládežou, pričom potvrdil aj svoj dobre známy hlboký zmysel pre humor. Najživšie sa azda prejavil vo vtipnej spontánnej veršovačke: „Zobor je kopeček, plný mladých ovečiek. "

Kto pozná Karola Wojtylu aj ako básnika, vie, že pre neho podobné veršíky sú detskou hračkou. Pochopiteľne, že pápežove veršovačky, ako aj iné jeho duchaplné a žartovné, ale i vážne poznámky boli spontánne odmenené radostným a hlučným nadšením mladých.

Vo svojom príhovore v Nitre Svätý Otec prekvapil aj originálnou myšlienkou, keď Nitru nazval slovenským Betlehemom: „Som vďačný Pánu Bohu a som rád, že som mohol prísť do starobylej Nitry, ktorá je Betlehemom kresťanstva na Slovensku. " S týmto označením môžeme s radosťou a s vďakou iba súhlasiť.

Svätý Otec počas svojho príhovoru k mladým

40

Nezamieňajte si slobodu s individualizmom. Nejestvuje pravá sloboda bez lásky k iným

Príhovor Svätého Otca mládeži

Pochválený buď Ježiš Kristus!

Zdravím pána prezidenta Slovenskej republiky Kováča, zdravím pána predsedu slovenského parlamentu Gašparoviča a zdravím pána predsedu slovenskej vlády Mečiara a všetkých vzácnych hostí. Zdravím vás, drahí mladí priatelia, zdravím vás. [Teraz vám niečo poviem po poľsky, dúfam, že mi budete rozumieť. My sa dažďa nebojíme! Nebojím sa dažďa, lebo neprší, ale nedávno som bol na Morave, v Olomouci, tam bolo počasie iné ako tu dnes.

Tam, na Svatom kopečku, mohli mladí ľudia povedať: My sa dažďa nebojíme! A čo môžete povedať vy tu, v Nitre? My sa slnka nebojíme, my sa slnka nebojíme!]

Drahí mladí priatelia! V evanjeliovom úryvku, ktorý sme práve dočítali, sme počuli o istých Grékoch, ktorí chceli vidieť Ježiša. Grékmi boli aj svätí solúnski bratia Cyril a Metod. Vďaka ich apoštolskej horlivosti Duch Svätý zavial semeno evanjelia do vašej zeme, kde vaši predkovia prejavili túžbu poznať Krista. [My sa vetra nebojíme.] Túto túžbu vyjadril knieža Rastislav prostredníctvom poslov vyslaných do Konštantinopolu. Svätí bratia potom siali do tejto brázdy, zasvätiac svoj život sadeniu a rastu Božieho kráľovstva.

Vy, mládež tejto krajiny, ste novou úrodou na Božom poli. Tou úrodou, ktorej korene siahajú do čias evanjelizácie svätých solúnskych bratov. Buďte ich dôstojnými pokračovateľmi! Prijmite túto výzvu a zasväťte sa veľkodušne dielu novej evanjelizácie. Budujte most medzi druhým a tretím kresťanským tisícročím. [Zdá sa, že ste spokojní.]

Nitra nám hovorí o prvom tisícročí. Tu neďaleko stál prvý kresťanský kostol v celej stredovýchodnej Európe. Tu sa od roku 828 pšeničné zrno stáva v Eucharistii Telom Krista, ktorý v sebe zjednocuje všetkých, čo ho s vierou prijímajú. Preto som túžil navštíviť Nitru. [Prvý deň.] Ešte za života svätého Metoda tu bola zriadená diecéza. Katedrálny chrám, ktorý sa vypína nad mestom, [ten katedrálny chrám] je jedným z najstarších biskupských sídel medzi slovanskými národmi. [Je starší ako Krakov.] Tu sa narodil Gorazd, „muž vašej krajiny, [Slovák, Slovák] vzdelaný a pravoverný", spoľahlivý učeník, ktorého si Metod vyvolil za svojho nástupcu.

S pohnutím hľadím na obrysy Zobora. [Zobor je taký kopeček. Kopeček, Svätý Otče, kopeček, plný je mladých ovečiek. Zobor.] Na jeho úpätí stál okolo roku 1000 kláštor svätého Hypolita, kde sa formoval môj krajan svätý Andrej-Svorad a jeho žiak svätý Benedikt, nebeskí patróni tohto mesta a tejto diecézy. [Andrej-Svorad a Benedikt – pustovníci.] Títo a mnohí menej známi hrdinovia viery – myslím napríklad na svätého biskupa Bystríka – sú akoby semená, ktoré padli do úrodnej [nitrianskej] pôdy, do pôdy Kristových ohlasovateľov a odvážnych apoštolov. [Viete, kde je Zakopané? Tam som sa po prvýkrát oboznámil so svätými Andrejom-Svoradom a Benediktom. Boli ste v Zakopanom? Choďte tam. Tu je medzi nami jeden biskup z Ameriky, on má veľa peňazí, keď sa budete slušne správať, tak vás zoberie do Zakopaného.]

Na tejto požehnanej pôde sa dnes stretám s vami, drahí chlapci a dievčatá zo slovenských diecéz. [Z celého Slovenska, z celého Slovenska.]

S láskou vás všetkých pozdravujem spolu s nitrianskym biskupom, kardinálom Jánom Chryzostomom Korcom a jeho pomocným biskupom Františkom Rábekom. [Kardinál Korec, toto meno veľa hovorí. Veľa hovorí vám na Slovensku, v Čechách i na Morave, v Európe, v celej Cirkvi i na celom svete. Chcem dnes poďakovať Pánu Bohu za svedectvo, veľké svedectvo viery, ktoré nám všetkým dal Ján Chryzostom Korec, prenasledovaný za svoju vieru, väznený. Všetko to opísal vo svojich pamätiach. Chceme sa za to dnes Pánu Bohu poďakovať. Vy, mladí, ďakujte Pánu Bohu za to svedectvo, lebo vďaka nemu ste tu dnes, s veľkou odvahou vyznávajúc svoju vieru... ani dažďa, ani slnka sa nebojíte!]

Pozdravujem aj všetkých prítomných biskupov a všetkých vašich kňazov [a všetkých rehoľníkov a rehoľnice]. Pozdravujem mládež zo susedných krajín: Čiech a Moravy, Rakúska, Maďarska, Poľska, ako aj mladých Rómov. Som rád, že sú tu medzi vami aj tí, čo si konajú vojenskú službu [vojaci, vojaci]. Osobitný pozdrav posielam tým, čo pre rozličné dôvody a príčiny nemohli prísť a sú duchovne s nami spojení.

Drahí chlapci a dievčatá, aj vy túžite „vidieť Krista" ako Gréci z prečítaného evanjelia. Kristus, Boží Syn a Vykupiteľ človeka, naplno odpovedá na najrýdzejšie túžby ľudského srdca. On prišiel, aby sme „mali život v hojnosti" (porov. Jn 10, 10). On má „slová večného života" (Jn 6, 68). On je „cesta, pravda a život" (Jn 14, 6).

Mnohí z vás sú o tom presvedčení. Mnohí aj osobne draho platili za vernosť Kristovi. Iní azda bližšie nemohli poznať Krista a Cirkev, lebo im v tom prekážali, a dnes si kladú veľa otázok o viere. Iní zostávajú naďalej nerozhodní, neistí a riskujú, že podľahnú klamlivému vábeniu chvíľkových a nestálych náuk.

V evanjeliu čítame, že Gréci sa obrátili na Filipa, jedného z Dvanástich, lebo chceli poznať Krista. Pán Ježiš zveril autentické svedectvo o svojom učení apoštolom. Pamätáte si, čo sa stalo, keď počuli jeho slová? Mnohí učeníci ho zanechali. On sa pýtal Dvanástich: „Aj vy chcete odísť?" Odpovedal mu Šimon Peter: „Pane, a ku komu by sme išli? Ty máš slová večného života. A my sme uverili a spoznali, že ty si Boží Svätý" (Jn 6, 68–69) čiže Mesiáš. [Ty máš slová večného života.] Pán Ježiš sám zdôraznil, že toto Petrovo vyznanie viery bolo darom nebeského Otca. A práve na tejto viere bola postavená Cirkev (porov. Mt 16, 16–18). Za Petrovu vieru sa Pán Ježiš modlil, aby mohol posilňovať svojich bratov (porov. Lk 22, 32). [Včera bol práve veľký sviatok, sv. Petra a Pavla. A dnes si spomíname na mučeníkov Cirkvi v Ríme, osobitne na tých, ktorí vydali svedectvo viery za Nera, ale nielen za neho. Čítali ste niekedy knihu *Quo vadis?* Henryk Sienkiewicz to tam všetko pekne opísal.]

Práve preto Petrov nástupca navštevuje cirkvi v rôznych častiach sveta. Dnes je tu, medzi vami. A vy ste prišli ku mne s túžbou podobnou túžbe Grékov, ktorí sa obrátili na apoštola Filipa slovami: „Chceme vidieť Ježiša." Áno, drahí moji, opravdivé poznanie Ježiša je možné iba v spoločenstve s nástupcami apoštolov, zjednotenými v tej istej viere s Petrovým nástupcom. „Ježiš Kristus je ten istý včera i dnes a naveky" (Hebr 13, 8). Osvojte si apoštolskú vieru Cirkvi! Zotrvajte v jednote s vašimi duchovnými pastiermi. Počúvajte ich, stretajte sa s kňazmi vo farnosti i v škole. Pod ich vedením hlbšie poznávajte Ježiša Krista. Buďte vytrvalí v počúvaní Božieho slova, v modlitbe, v prijímaní sviatostí, predovšetkým sviatosti Eucharistie a pokánia. [Budeme, budeme chodiť na svätú spoveď.] Toto opakujem mladým v každej krajine, najmä na svetových stretnutiach mládeže, a dnes to opakujem vám, slovenskí priatelia [mládež zo Slovenska. A svetové stretnutia mládeže boli: v Ríme, Buenos Aires, Santiago de Compostela, na čenstochovskej Jasnej hore, v Denveri a naposledy v Manile na Filipínach. Či tam bol pán kardinál Korec, neviem, ale bol tam pán kardinál Vlk. Videl som ho na vlastné oči. Nasledujúce bude v Paríži a ešte predtým v Lorete. Buďte vytrvalí v počúvaní Božieho slova.]

Keď je viera autentickým osobným prijatím Krista a jeho evanjelia, nevyhnutne sa vteľuje do života. Hovorí to sám Pán Ježiš: „Kto ma miluje, bude zachovávať moje slovo" (Jn 14, 23). Zachovávať Pánovo slovo značí uskutočňovať poslanie, ktoré sme dostali. O tejto skutočnosti sme meditovali v Manile s mladými, ktorí prišli z celého sveta. Viedli nás pritom slová, ktoré povedal vzkriesený Pán apoštolom: „Ako mňa poslal Otec, aj ja posielam vás" (Jn 20, 21). Toto poslanie sa týka každého kresťana, [každého z nás], každého z vás. Nitra bola strediskom silného misijného hnutia. [Manila – Nitra, a z Nitry do Paríža. Keď to bude potrebné, pomôže vám biskup z Ameriky.] Vám, drahí mladí priatelia, dávam za úlohu oživiť to niekdajšie nadšenie. Pán Ježiš vám dôveruje. Cez vás chce prísť do každého spoločenského prostredia a premeniť ho mocou svojej pravdy a svojej lásky. V tomto poslaní nie ste sami. Je s vami Duch Svätý. Svätý Cyril pred svojou smrťou prosil pre kresťanov tejto krajiny [pre kresťanov tejto krajiny – Slovenska] dar Ducha Svätého slovami: „Vlej im do sŕdc slovo tvojho synovstva." [Vlej im do sŕdc slovo tvojho synovstva.] Iba ten, koho vnútorne oživuje Duch Svätý a správa sa ako Božie dieťa, môže byť semenom nového života. Otvorte sa teda, drahá mládež, tomuto Božiemu dychu, tejto účasti na Božom živote a na Božej láske! [Otvorte sa, otvorte sa!]

[Veni Creator Spiritus, mentes tuorum visita...] Duch Svätý je Kristov Duch, ktorý oživuje Tajomné telo Cirkvi. Kto chce, aby ho Duch oživoval, musí zostať spojený s Cirkvou. Klame sám seba, kto by sa chcel v mene Ducha postaviť proti Cirkvi. Len toho pohýna Boží Duch, kto miluje Cirkev a pracuje na jej jednote; len ten kráča podľa evanjelia. [Je to tak, je to tak, je to tak... Ešte mám tri strany. My sa slnka nebojíme...]

Drahí priatelia, uvedomte si, aký neoceniteľný je dar, ktorý ste dostali od Boha. Dostal sa k vám po dlhej ceste generácií od čias svätého Cyrila a Metoda. Prijmite ho v zodpovednej slobode a usilovne ho zveľaďujte. [Budeme...] Necúvajte pred radikálnymi požiadavkami evanjelia! [Počúvajte, necúvajte.] Pamätajte, že Boží Duch, ktorý je vo vás, je mocnejší ako duch sveta (porov. 1 Jn 4, 4). S jeho pomocou je možné zachovávať Božie prikázania s radosťou. [Áno, je to tak, je to tak... tak, tak.]

Nezamieňajte si slobodu s individualizmom. Nejestvuje opravdivá sloboda bez lásky k iným. [Je to tak, to znamená amen. Ale ešte nie je „amen". Bez lásky k iným nejestvuje opravdivá sloboda.] Kresťania žijú slobodu ako službu v presvedčení, že od toho závisí rozvoj pravej civilizácie v Európe a na celom svete. [Je to tak.] Svätý Cyril a Metod s nasadením života odmietli podriadiť vieru mocenským záujmom. Viera vždy chráni pravú slobodu a odsudzuje fyzické i morálne otroctvo. Fyzické otroctvo je viditeľnejšie ako morálne, ale morálne otroctvo nie je o nič nebezpečnejšie. Jestvuje totiž otroctvo spôsobené inými a otroctvo, ktoré si človek zapríčiňuje sám. Mládež Slovenska, [mládež Slovenska] majte vždy otvorené oči! Nedajte sa opantať ideológiou falošnej slobody, [nedáme, nedáme] ktorá v mene zdanlivého šťastia šíri indiferentizmus a relativizmus a tým pozbavuje svedomie hodnôt, ktoré dávajú životu zmysel. [Indiferentizmus a relativizmus – rozumiete tomu? Učíte sa latinčinu?] Podobne ani na sociálnej rovine neslobodno zamieňať slobodu s nacionalizmom. [Patriotizmus áno, nacionalizmus nie. Stačí sa pozrieť na Juhosláviu, nech nás Pán Boh chráni... patriotizmus áno, nacionalizmus nie.] Rozdielnosť kultúr je bohatstvo, ktoré treba spravovať vo veľkej vzájomnej úcte a v opravdivej spolupráci. Odvrhnite pokušenia násilia a rasizmu. Buďte tvorcami pokoja, dialógu a solidarity. [Indiferentizmus, relativizmus, nacionalizmus, rasizmus – to sú slová našej doby.]

Pohotovo a veľkodušne odpovedajte na Kristovo volanie. Buďte pohotoví predovšetkým vy, mladí priatelia, ktorí ste dostali dar povolania na kňazský alebo rehoľný život. Drahí seminaristi, drahí novici a novicky, svedomite sa pripravujte na svoju službu Pánovi a bratom podľa príkladu svätého Cyrila a Metoda. Pripravujte sa aj vy, chlapci a dievčatá, povolaní na manželstvo a rodinný život. Aj toto povolanie je nádherné. Učte sa od Krista pravej láske; je to láska náročná, nehľadá sebecký pôžitok, ale je otvorená pre sebadarovanie. S takouto vnútornou dispozíciou budete schopní vytvoriť rodiny, ktoré budú opravdivými svätyňami lásky. Rodiny, ktoré prijímajú ľudský život a chránia ho od jeho počiatku až po prirodzené ukončenie.

Mnohí z vás sa pripravujú na prácu a na určitú úlohu v spoločnosti. Iní už pracujú. Pracujte vždy usilovne a na odbornej úrovni. Zostaňte pritom verní kresťanskej morálke. Ochotne poslúžte aj v občianskej i politickej oblasti a nikdy nestraťte zo zreteľa spoločné dobro. Ako možno v tejto chvíli nespomenúť tých mladých ľudí, na ktorých doliehajú všelijaké ťarchy: nezamestnanosť, choroba, invalidita, znechutenie?! Kristus, ktorý vzal na seba kríž, aby nás oslobodil od hriechu, je mimoriadne blízko tomu, kto nesie ťarchu kríža, a posilňuje ho v skúškach svojím Duchom.

Moji drahí, Kristus sa nám aj dnes prihovára: „Ak mi niekto slúži, nech ma nasleduje" (Jn 12, 26). A na našu útechu dodáva: „Kto bude mne slúžiť, toho poctí Otec" (Jn 12, 26). Toto sa už splnilo na svätom Cyrilovi a Metodovi a na toľkých iných svätých aj v slovanskej jazykovej oblasti: Otec ich poctil. A o dva dni sa to splní na troch košických mučeníkoch, keď ich vyhlásim za svätých pre celú Cirkev. Nasledovali Krista a nebeský Otec ich poctí pred celým svetom. [To bude v Košiciach. Tu sedí nový arcibiskup z Košíc. Už mi toho veľa neostalo, už končím. A zajtra začínam znovu.]

Sme schopní uveriť Kristovmu slovu? [Áno.] Sme schopní prijať jeho požiadavky, ísť za ním a slúžiť mu? [Áno.] Hej, dobre vieme, že je to možné iba v Duchu Svätom. Prosím všemohúceho Boha za každého z vás a za všetkých mladých ľudí, ktorí bývajú v tejto krajine pod Tatrami: „Vlej do nich, Pane, slovo tvojho synovstva" [...nie otroctva. Synovstva. A do Tatier chodíte, aj sa lyžujete? Poznáte otca Stanislava, on mi povedal, že som prekročil už čas. Ešte sa pomodlíme.]

Po skončení príhovoru Svätého Otca vystupujú na tribúnu zástupcovia slovenských diecéz, aby prevzali z rúk Svätého Otca jeho predposlednú encykliku Evangelium vitae, vynikajúcu obranu života v boji s modernou kultúrou smrti. Naproti tomu mladí ľudia odovzdávajú Jánovi Pavlovi II. prekrásny dar snúbencov, dar lásky. Tento dar spočíval v tom, že sa mnohí zaviazali sľubom predmanželskej čistoty. Kiež by sa rady týchto mladých chlapcov a dievčat rozmnožili, ako sa to deje napríklad v Amerike, a tak sa stali istou zárukou morálne zdravého národa.

Mladí odovzdávajú Svätému Otcovi dar – kópiu Ukrižovaného

Drahí chlapci a dievčatá, prijmete teraz prostredníctvom vašich zástupcov môj dar pre vás. Moju encykliku *Evangelium vitae,* Evanjelium života. Osvojte si jej obsah a staňte sa jej šíriteľmi svojimi postojmi a skutkami. Slúžte životu každého človeka a tak nasledujte Krista, ktorý prišiel, aby všetci mali život a aby ho mali v hojnosti. Všemohúci Bože, ty nás povolávaš, aby sme tvorili Cirkev, chrám Ducha Svätého. Vdýchni do našich sŕdc slovo tvojho synovstva, aby sme sa nechali zapáliť ohňom novej evanjelizácie a odvážne niesli dedičstvo otcov v ústrety tretiemu tisícročiu. Skrze Krista, nášho Pána.

Na záver Svätého Otca pozdravil otec kardinál Korec:

Svätý Otče, sme šťastní, že spolu s vami utvárame jednu rodinu Božích synov a dcér. Sme šťastní, že ste s nami ako zástupca Ježiša Krista. Ďakujeme vám za vaše otcovské slová, ktorými nás upevňujete vo viere v šťastnejší život. Na znak našej úcty a vďačnosti prijmite tieto symbolické dary našej mládeže.

Na stretnutí v Nitre boli aj hluchonemí, ktorí mali svoju tlmočníčku do posunkovej reči

Mladí si spolu so Svätým Otcom aj zaspievali

48

Nasledovalo slávnostné požehnanie. Po pápežskej hymne Ján Pavol II. pobozkal relikvie a nastal moment rozlúčky.

Koniec stretnutia Svätého Otca s mládežou v Nitre vyznel sviatočne; ako oslava čistej radosti mladých ľudí zo života naplneného vierou, oddanosťou Bohu a poznaním Ježišovej lásky, ako i vernosti Kristovej Cirkvi a jej viditeľnej hlave, Petrovi v osobe pápeža Jána Pavla II.

Veľmi dojímavý okamih nastal vtedy, keď sa mladí pochytali za ruky a vytvorili živú reťaz, do nej zapojili i Svätého Otca a nakláňaním sa vpravo i vľavo akoby mierne tancovali, pričom spievali hymnu stretnutia - Boh je láska.

Ján Pavol II. opúšťal letisko v Nitre-Janíkovciach, na pozdrav mu mával státisícový zástup, vyprevádzal ho vďačným pohľadom a so slzami v očiach od úprimnej radosti a šťastia.

Na konci prvého dňa návštevy Svätého Otca mohli sme radostne konštatovať, že napriek náročnému programu Ján Pavol II. robil fyzicky dobrý dojem, pôsobil sviežo a zdravo. Hneď pri vystúpení z lietadla v Bratislave a pri pochode na letiskovej ploche nepotreboval vychádzkovú paličku. Okrem toho aj celý prejav tak na letisku, ako i v Dóme svätého Martina predniesol postojačky a napokon i príhovor k mládeži v Nitre. Pritom sa často usmieval, ba dokonca i schu-

Dúfajme, že aj našim ústavným činiteľom radosť, láska a pokoj v srdci vydrží čo najdlhšie

ti smial. Na mesto pod Zoborom a jeho starobylý hrad padal pomaly súmrak, stmievalo sa, až sa zotmelo. No v srdciach desaťtisícov mladých i starých bolo jasno, žiarila v nich jasná hviezda viery, nádeje, lásky, ale i iskra pravdy a pokoja, ktoré svet nemôže dať, pretože sú výlučným Božím darom.

Kiež by dal milostivý Pán Boh, aby sa také hviezdy a iskričky zažíhali v srdciach mladých Sloveniek i Slovákov a svietili na súčasnej ťažkej ceste celého nášho národa. Vtedy by sme nemali viacej dôvod nostalgicky nôtiť: Nitra milá, Nitra, kdeže sú tie časy, v ktorých si ty kvitla, pretože od takých sŕdc mladých ľudí by zakvitla nielen naša milá Nitra svojou staronovou slávou, ale s ňou aj celé naše krásne Slovensko. Čo si môžeme viacej vzájomne priať, o čo máme Pána a jeho Matku vrúcnejšie prosiť?

Pred odchodom do Bratislavy Svätý Otec mimo programu ešte navštívil nitriansky hrad, najstaršie biskupstvo v strednej Európe. V katedrálnom chráme svätého Emeráma zotrval v tichej modlitbe.

Z nitrianskeho hradu sa Svätý Otec vo večerných hodinách vrátil na zaslúžený oddych do Bratislavy, aby sa na druhý deň ráno vydal do Šaštína.

Ján Pavol II. v nitrianskej Katedrále svätého Emeráma

ŠAŠTÍN

1. júla 1995

Púť k Sedembolestnej Panne Márii

Národná svätyňa Sedembolestnej v Šaštíne

Prvého júla tohto roku zavítal do národnej svätyne Sedembolestnej patrónky v Šaštíne v rámci svojej pastoračnej návštevy na Slovensku pápež Ján Pavol II. Pred piatimi rokmi, keď krátko navštívil Bratislavu, mohol iba preletieť vrtuľníkom nad šaštínskou bazilikou, pričom vyslovil prianie, že by raz veľmi rád prišiel ako pútnik do tohto celonárodného pútnického miesta Slovákov. O päť rokov sa jeho želanie skutočne splnilo. Prvý júl 1995 sa preto zapísal zlatými písmenami do dejín Šaštína a šaštínskej svätyne.

Ak zameriame svoj pohľad na dejiny Šaštína, dostaneme sa až do 13. storočia. Najstaršie pomenovanie obce, písomne zachytené v roku 1210, znie ‚Saswar'. Osada Šaštín ležala na ceste z Čiech cez Moravu a Slovensko na juh do Uhorska a na Balkán. Pri rieke Myjave, pretekajúcej popri nej, stála strážna hradná pevnosť. V 15. storočí šaštínske panstvo patrilo zemepanskej rodine Czoborovcov, ktorá sa zaslúžila o zhotovenie Piety, ale aj o rozšírenie úcty k nej. Neskôr (v 18. storočí) Czoborovci boli nútení odpredať majetky Františkovi Lotrinskému a jeho manželke Márii Terézii. Panovnícky rod Habsburgovcov vlastnil panstvo Šaštín až do roku 1918. V spomenutom roku 1210 je doložená správa aj o šaštínskom archidiakonáte a o jestvovaní farnosti hovorí listina z roku 1397. Farnosť patrila do Ostrihomského arcibiskupstva až do roku 1923, kým neprešla do správy trnavskej apoštolskej administratúry.

No to, čo robí Šaštín pamätihodným, je nesporne národná svätyňa so sochou Sedembolestnej na hlavnom oltári. Šaštínsky chrám s Pietou sa stal národným symbolom mariánskej úcty na Slovensku. Šaštín je pre Slovákov tým, čím je Mariazell pre Rakúšanov, Čenstochová pre Poliakov, Altöting pre Bavorsko, Einsiedeln pre Švajčiarov atď. Božím vnuknutím si slovenský veriaci ľud vyvolil Bolestnú Božiu Matku za svoju orodovnicu, ochrankyňu a patrónku.

V kresťanskej tradícii sa postupne ustálila úcta sedmoro bolestí, ktoré sa vzťahujú na rozličné epizódy Máriinho života a jej Syna Ježiša a ktoré svedčia o najtrpkejších skúškach Božej Matky: 1. Simeonovo proroctvo; 2. útek do Egypta; 3. strata dvanásťročného Ježiša; 4. stretnutie s Ježišom na krížovej ceste; 5. Ježišovo ukrižovanie; 6. sňatie Kristovho mŕtveho tela z kríža a vloženie do lona bolestnej Matky; 7. pochovávanie Pána Ježiša. Číslo sedem vyjadruje v Biblii plnosť; v tomto prípade plnosť bolesti. Sviatok k úcte Sedembolestnej sa v Cirkvi slávil už v 15. storočí. V súčasnosti sa slávi 15. septembra po sviatku Povýšenia svätého kríža.

Dejiny úcty Sedembolestnej Panny Márie na Slovensku sa začínajú rokom 1564. V tomto roku šaštínsky zemepán a zástupca uhorského palatína Imrich Czobor a jeho manželka Angelika Bakičová dali zhotoviť neznámemu autorovi Pietu z dreva, aby sa tak zadosťučinilo sľubu, ktorý dala Panne Márii Czoborova manželka. Angelika Bakičová nemala totiž veľmi šťastné manželstvo. Jej manžel Imrich sa veľmi hrubo správal ku svojej životnej družke. Raz na spoločnej vychádzke kočom zastavil kone a vysotil ju von. V tejto žalostnej situácii sa Angelika obrátila modlitbou na Pannu Máriu. V modlitbe sľúbila Božej Matke, že ak sa jej manžel napraví, dá na tom istom mieste postaviť sochu k úcte Bolestnej Matky. Manžel Imrich vskutku oľutoval svoje tvrdé počínanie voči manželke Angelike a znova začal dobrý rodinný život. Bolestná Matka teda vypočula úpenlivú prosbu Angeliky Bakičovej, a preto na miesto, kde táto prosila o pomoc, postavili sochu Piety. Spočiatku sa pri soche pravidelne schádzala celá Czoborova rodina i so služobníctvom a tu sa modlievala, najmä vo sviatočné dni. Ich príklad však povzbudil aj ďalších, a tak sa úcta k Bolestnej Matke čoskoro začala šíriť po okolí. Nato Czoborovci nechali postaviť trojbokú kaplnku a umiestnili v nej sochu Sedembolestnej na verejnú úctu.

Farská kronika i kniha *Novum sidus* zachytávajú viaceré správy o vypočutí prosieb, o telesných i duševných uzdraveniach na príhovor Sedembolestnej. Neostalo to však bez ozveny. Roku 1732 ostrihomský arcibiskup Imrich Esterházy vyhlásil osobitnou listinou sochu Sedembolestnej za zázračnú. Nato arcibiskup pozval do Šaštína rehoľu pavlínov a zveril im kaplnku s milostivou soškou. Pavlíni zohrali v dejinách Šaštína veľmi významnú úlohu. Roku 1736 začali stavať mariánsku svätyňu i kláštor v neskorobarokovom štýle a stavbu dokončili roku 1764, t. j. na dvojsté jubilejné výročie uctievania Piety. Novovybudovaný chrám posvätil arcibiskup František Barkóczy a položil sochu Sedembolestnej na hlavný oltár. Pri slávení tristoročného jubilea roku 1864 ostrihomský kardinál Ján Scitovský korunoval sochu Piety a pápež Pius IX. vydal osobitnú bulu ku korunovácii. Ďalej sa stal významným rokom Šaštína rok 1924. V ňom totiž biskup Pavol Jantausch uviedol do Šaštína saleziánov. Pamätný je i rok 1927, v ktorom Svätá stolica vyhlásila Sedembolestnú Pannu Máriu za patrónku Slovenska. Ešte hodno spomenúť aj štyristoročné výročie uctievania milostivej sochy Sedembolestnej, keď roku 1964 pápež Pavol VI. vyhlásil národnú svätyňu za menšiu baziliku (basilica minor).

Šaštínska bazilika s dominantným dvojvežovým priečelím, s neskorobarokovým interiérom a malebnou výzdobou je vskutku dôstojným stánkom Piety. Majestátnosť tak priečelia, ako aj interiéru ešte umocňujú veľké pozlátené nápisy, ktoré sú zároveň výrazom úcty: *Sedembolestná Panna Mária, k tebe slovenská spieva krajina* a *My, Slováci, teba, Matka, čo patrónku vzývame, tvoje preveliké bôle často v srdci mávame.*

Šaštínske zvony už stáročia zvolávajú pútnikov do národnej svätyne, aby si prišli pozdraviť svoju nebeskú Patrónku a utiekali sa k nej o pomoc, čo tak výstižne vyjadruje i melodická pieseň *Tie šaštínske zvony k sebe nás volajú*. Na Turíce roku 1987 zvony šaštínskeho chrámu hlaholili na pozdrav Matke Terézii z Kalkuty, ktorá cestou do Poľska navštívila baziliku Sedembolestnej. Obzvlášť dlhý hlahol zvonov sa niesol Šaštínom, keď 1. júla tohto roku vo fatimskú sobotu priputoval do Šaštína vznešený pútnik a rímsky pápež Ján Pavol II. Tu celebroval spolu s početnými biskupmi a kňazmi a za účasti neobyčajne veľkého počtu veriacich slávnostnú svätú omšu a vykonal aj obrad korunovania Piety. Najvyšší pastier Cirkvi vo svojej homílii odporúčal do ochrany Sedembolestnej patrónke celý slovenský národ, ktorý sa nedávno dožil vytúženej samostatnosti. Pápež doslova povedal: „Ako nezávislý národ môžete si pri vstupe do šaštínskej mariánskej svätyne s ešte väčšou radosťou spievať – *Ty si Mať dobrotivá, patrónka ľútostivá, oroduj vždy za náš národ u svojho Syna.* " Možno sa právom nádejať, že stretnutie s Petrovým nástupcom pápežom Jánom Pavlom II. v Šaštíne upevnilo všetkých účastníkov vo viere a v úcte k Sedembolestnej patrónke a tiež povzbudilo všetkých viesť zodpovedný kresťanský život.

Štefan Vragaš

Tie šaštínske zvony

Krásne slnečné počasie trvalo naďalej aj v sobotu 1. júla, miestami s tropickou horúčavou, práve tak ako deň predtým v Nitre. Pred našou národnou svätyňou Sedembolestnej Panny Márie v Šaštíne sa taký počet pútnikov v celej jej histórii ešte nezišiel, ako to zdôraznil vo svojom privítacom pozdrave trnavský arcibiskup a metropolita Mons. Ján Sokol.

To preto, lebo do nej prišiel najvzácnejší pútnik a mariánsky ctiteľ, Kristov námestník, Svätý Otec pápež Ján Pavol II.

Niekoho možno prekvapí zmienka o tom, že Ján Pavol II. navštívil Šaštín po prvýkrát už 22. apríla 1990. Bola to návšteva sui generis - svojho druhu, nezvyklá. Keď letel z Velehradu vrtuľníkom do Bratislavy, prelietal ponad Šaštín. Pritom, ako to vtedy prezradil v homílii, v duchu prosil našu patrónku Sedembolestnú Pannu Máriu o pomoc pre celý náš národ a spontánne musel myslieť i na iné pútnické miesta zasvätené Panne Márii, ako Levoča, Marianka, Gaboltov, Staré Hory a tak ďalej.

Nakoľko jeho apoštolská návšteva sa vtedy obmedzila iba na pár hodín, na letisko Bratislava-Vajnory, kde za účasti takmer milióna veriacich koncelebroval s našimi biskupmi svätú omšu, povedal kázeň, nemohol žiaľ navštíviť ani jedno z pútnických miest, pretože po skončení eucharistickej slávnosti odletel hneď do Ríma. Pri tejto druhej návšteve hlavným cieľom jeho pastoračnej cesty boli pôvodne práve mariánska svätyňa v Šaštíne ako i Mariánska hora v Levoči. Iba neskôr pribudla Nitra, Košice a Prešov.

Na veľkú pláň neďaleko Baziliky Sedembolestnej Panny Márie prichádzali pútnici už v piatok popoludní, celú noc a od včasného rána z celého Slovenska, ale i zo susednej Moravy, z Rakúska i Poľska na stretnutie so Svätým Otcom. Aj obce, ktorými prechádzal, sa pripravili na jeho príchod. Bielo-žlté kytice kvetov, zástavky a obrazy Jána Pavla II. zdobili nejedno okno, nejeden rodinný dom.

Ráno o 8. hodine za zvukov zvonov preniesli v slávnostnej procesii sochu Sedembolestnej Panny Márie (ktorá pochádza z roku 1564) z baziliky na tribúnu, kde sa slúžila svätá omša. Pritom stále prichádzali na veľké pole početní pútnici zo všetkých strán.

V tejto súvislosti iba neradi spomíname na nemilú udalosť, ktorú sme zažili spolu s otcom Jurajom Augustínom, tajomníkom otca arcibiskupa Jána Sokola.

Z Trnavy sme vyrazili okolo pol ôsmej ráno. To značí, že sme mali času viacej ako dosť prísť do Šaštína včas pred začatím svätej omše. Ako sme sa približovali k Šaštínu, boli sme nemilo prekvapení, keď už pred dedinkou Dojč, to značí desať kilometrov pred cieľom, sme narazili na dlhú kolónu čakajúcich osobných áut a autobusov s pútnikmi.

Údajnou príčinou zataraseniá malo byť zaplnenie rozľahlého priestranstva neďaleko baziliky pútnikmi, a preto sa tam už nikto nemôže dostať. Bolo nám to divné, a tak mierne rozhorčený prudko som šliapol na plyn a proti všetkým pravidlám uháňal v protismere, nútený občas obozretne vyhnúť sa protiidúcemu autu. Žiaľ, boli to väčšinou pútnici, ktorí po dlhšom čase márneho čakania stratili trpezlivosť a znechutení dávali sa na cestu späť.

Po niekoľkých minútach trocha dobrodružnej jazdy proti policajným predpisom dorazili sme ku skupine policajtov, ktorým sme jasne povedali, že tu ide o vedomé manipulovanie, a či priamo o sabotáž nevpustiť desaťtisíce pútnikov na ešte stále dosť voľné priestranstvo, vyznačené na stretnutia so Svätým Otcom.

Pár minút po nás prišiel aj trnavský arcibiskup Mons. Ján Sokol. On sa okamžite skontaktoval priamo s ministrom vnútra, u ktorého rázne protestoval proti neodôvodnenému a možno zámernému zdržovaniu pútnikov. Ten potom zariadil, že o niekoľko minút v hustom prúde valili sa autobusy i autá s dlho čakajúcimi a čiastočne rozhorčenými pútnikmi na ešte vždy voľnú lúku.

Dodatočne sa možno právom pýtať: Kto mal nečistý a zlomyseľný záujem na tom, že desaťtisíce pútnikov z rôznych kútov Slovenska zostali zablokované pár kilometrov pred cieľom, aby sa nemohli stretnúť so Svätým Otcom v Šaštíne v onen historický deň?

Medzičasom prišiel z Bratislavy už i Svätý Otec a krátko pred deviatou hodinou prechádzal v papamobile spolu s otcom arcibiskupom Jánom Sokolom jednotlivé sektory na veľkom priestranstve, aby takto mával veriacim, zdravil ich a hlavne žehnal. Počas tejto cesty sprevádzal Jána Pavla II. chorál Veľký kňaz dnes prišiel k nám, ako i známe skandovanie: „Nech žije Svätý Otec."

Po skončení prehliadky v sektoroch a vystúpení na tribúnu Ján Pavol II. ešte krátko priateľsky mával, zdravil a žehnal takmer pol milióna prítomných veriacich.

O chvíľu pristupuje k mikrofónu metropolita Bratislavsko-trnavskej arcidiecézy, otec arcibiskup Ján Sokol, ktorý v priebehu dvadsiatich štyroch hodín druhý raz pozdravuje v mene státisícov, ako i vo svojom mene milého hosťa, mariánskeho ctiteľa a najvzácnejšieho pútnika v histórii Šaštína, Svätého Otca Jána Pavla II.

Otec arcibiskup Mons. Ján Sokol takto pozdravil Petrovho nástupcu:

Vrtuľník so Svätým Otcom prilieta do Šaštína

Otec arcibiskup Ján Sokol pozdravuje Svätého Otca

Náš drahý milovaný Svätý Otec!

V tejto národnej svätyni Sedembolestnej Panny Márie, patrónky Slovenska, sa už desaťročia schádzajú pútnici z celého Slovenska, ba aj zo susedných štátov. Teda nielen Slováci, ale rovnako aj bratia maďarskej, nemeckej, poľskej i iných národností z našej vlasti, ba aj zo zahraničia. V takomto zoskupení sme tu, Svätý Otče, aj dnes s vami. Ale toľko pútnikov ako dnes tu ešte nikdy v dejinách tejto baziliky nebolo. Prišli sme sem v takom počte preto, že k Sedembolestnej patrónke Slovenska prišiel ten najväčší, najvzácnejší pútnik, veľký mariánsky ctiteľ, Svätý Otec, pápež, zástupca Kristov, viditeľná hlava katolíckej Cirkvi, ktorý má heslo *Totus Tuus* – Celý tvoj, Mária. Tieto zástupy mariánskych ctiteľov čakajú na vaše slovo, povzbudivé slovo, ako to bolo včera v Bratislave pri stretnutí s Bohu zasvätenými osobami i v Nitre k mládeži. Koľkou radosťou bolo naplnené vaše srdce pri pohľade na týchto mladých ľudí, dievčatá i chlapcov, ktorí prešli prah nádeje a ktorí sú zárukou Cirkvi a nás v treťom tisícročí. Na tomto pútnickom mieste pred milostivou sochou Sedembolestnej v modlitbách a piesňach predkladali svoje bolesti, trápenia, ťažkosti cez ruky Sedembolestnej jej Synovi a prosili o pomoc, uzdravenie a záchranu. Boli to zvlášť naši otcovia a matky, ktorí prosili o záchranu našich rodín, o zachovanie viery a vernosti svätej katolíckej Cirkvi. Prosili Matku, ktorá najlepšie rozumie srdcu dieťaťa, za obrátenie svojich synov a dcér. A tu na príhovor Sedembolestnej sa im osušili slzy, nalial balzam na rany ich duše, tu dosiahli oni vyslyšania. Dnes vás tu, Svätý Otče, nami tak milovaný, vítam v mene otcov kardinálov, biskupov, kňazov, rehoľníkov, rehoľníc, diakonov, bohoslovcov, v mene starých a chorých, v mene otcov a matiek, mládeže a detí, v mene všetkých tu zhromaždených i v mene svojom. Nadšene vám privolávame: Vitaj, veľkňaz, vitaj nám, Boh ťa žehnaj a ty nám. Našim rodinám, našim dedinám, našim mestám, našim farnostiam. Cíťte sa tu ako medzi svojimi, ktorí vás majú úprimne radi. Prosím vás, predložte cez ruky Sedembolestnej Pánovi naše bolesti, problémy a ťažkosti, ktoré doliehajú na nás v súčasnej dobe a ktoré vy ako pastier zvereného stáda tak dobre poznáte.

Proste za nás, za naše Slovensko i za celý svet, aby sme aj naďalej v dobrom vytrvali, vieru si zachovali, vernými svätej Cirkvi vždy zostali a dedičstvo otcov aj ďalej odovzdali. Vitajte, vitajte, vzácny hosť, ešte raz tu medzi nami v národnej svätyni, vitajte v Bazilike Sedembolestnej, patrónky Slovenska, našej i vašej Matky.

Nasledoval mohutný aplauz päťstotisícového zástupu na znak súhlasu s arcibiskupovým vrelým privítacím pozdravom, ako i objatie s Jánom Pavlom II.

Svätý Otec sa krátko poďakoval za srdečné privítanie týmito slovami:

Milovaní bratia a sestry, prišiel som s veľkou radosťou ako pútnik pozdraviť Matku Božiu Sedembolestnú a slúžiť eucharistickú obetu pred milostivou sochou vašej patrónky tu v Šaštíne. Spolu s ňou sa s Ježišom Kristom v Duchu Svätom obetujme nebeskému Otcovi a vyprosujme hojnosť milostí pre celý slovenský národ a pre celý svet. Prv než budeme sláviť Eucharistiu, pokorne vyznajme svoje hriechy.

Tým sa začala eucharistická slávnosť. Je vhodné pripomenúť, že Ján Pavol II. použil pri svätej omši historický kalich zapožičaný z trezoru Dómu sv. Martina; kalich, ktorý sa používal pri korunováciách uhorských panovníkov.

Vo svojej hlboko mariánskej homílii Ján Pavol II. načrtol stručne obraz Panny Márie ako Matky Sedembolestnej a Matky našej, ktorej srdce bolo pod krížom prebodnuté siedmimi mečmi bolesti: „Žena, hľa, tvoj syn... Hľa, tvoja matka."

Svätý Otec pred začiatkom svätej omše v Šaštíne pozdravil vozíčkárov

V tomto chráme, v Máriinom dome, každý obyvateľ Slovenska nech sa cíti ako vo vlastnom dome

Homília Jána Pavla II. v Šaštíne

„Ty si Mať dobrotivá, patrónka ľútostivá, oroduj vždy za náš národ u svoj-ho Syna."

Takto spievajú pútnici, keď prichádzajú do Šaštína z celého Slovenska a pozdravujú Božiu Matku, svoju patrónku. Podobne ju pozdravujú aj poľskí pútnici v Čenstochovej: „Ty si veľká sláva nášho národa!"

Drahí bratia a sestry, tu v Šaštíne je národná svätyňa Slovenska. Dnes do tej-to baziliky prichádza pápež ako pútnik hneď na začiatku svojej apoštolskej návštevy.

Táto svätyňa si pamätá veľa pokolení pútnikov, ktorí sem prichádzali zo všetkých končín vašej krajiny, a uchováva spomienku na všetko, čo úzko súvi-sí s ich životom: na radosť, na smútok a utrpenie, ktoré nechýbali vo vašich dejinách, ako nechýbajú v živote nijakého človeka a nijakého národa na zemi. Je dobre, keď má človek niekoho, s kým sa môže podeliť o radosti a žiale. Je dobre, keď máte vo vašej veľkej slovenskej rodine Matku, ktorej možno dôve-rovať a zveriť jej všetky bolesti a nádeje. Na tomto mieste ju uctievate ako Sedembolestnú, ako Matku, ktorej srdce bolo pod krížom prebodnuté siedmi-mi mečmi bolesti, ako to zdôrazňuje tradícia.

Je prozreteľnostné, že práve toto je mariánska svätyňa vášho národa, chrám, do ktorého putuje celé Slovensko. Vaši predkovia tu hľadali posilu v životných ťažkostiach. Hľadali tu posilu v časoch poznačených utrpením.

Šaštínsku svätyňu môžeme vo svetle dnešnej liturgie pripodobniť k jeruza-lemskému Večeradlu. Večeradlo bolo miestom, kde Pán Ježiš ustanovil Eucha-ristiu. Bolo aj miestom, kde apoštoli po nanebovstúpení zotrvávali na modlit-bách spolu s Pannou Máriou, Ježišovou matkou. Táto dnešná liturgia nám chce povedať, že tu, na tomto mieste, sa Panna Mária modlí s nami. Tu jej nepred-kladáme iba my svoje modlitby, prosby, vďaky a odprosenia, ale predovšetkým ona sa modlí s nami, ako sa modlila s apoštolmi v očakávaní Turíc. A toto oča-kávanie v modlitbe bolo zavŕšené zoslaním Ducha Svätého, ktorý spočinul na apoštoloch zhromaždených vo Večeradle a premenil im srdcia. V sile tejto pre-meny sa z ustráchaných ľudí stávajú odvážni svedkovia, odhodlaní plniť úlohu, ktorú im zveril Kristus.

A hneď na Turíce začínajú v Jeruzaleme plniť svoje apoštolské poslanie. Čo to znamená pre nás tu zhromaždených, pre vás, ktorí ste prišli do Šaštína z rozličných častí Slovenska?

Panna Mária nás tu prijíma do toho istého spoločenstva modlitby, ktoré spolu s ňou vytvorili apoštoli v jeruzalemskom Večeradle, a v tomto spoločenstve sa modlí s nami za obrátenie našich sŕdc. Veď mariánske svätyne sú naozaj miestami duchovnej premeny, miestami obrátenia. Skúsenosť ukazuje, že sú to miesta, kde sa ľudia najčastejšie vracajú k sviatosti pokánia, aby začali v matkinom dome nový život a vrátili sa duchovne obnovení.

Ako pastier celej Cirkvi chcel by som sa dnes v Šaštíne osobitne poďakovať Sedembolestnej Panne Márii za túto premenu ľudských sŕdc. A súčasne so zreteľom na nové časy a nové duchovné potreby ľudí, ktorí obývajú túto krajinu, chcem v tejto svätyni poprosiť Pannu Máriu, aby aj naďalej poskytovala materskú pomoc pri premene sŕdc. Prosím ju, aby bdela nad celým duchovným životom Slovenska. Zvlášť jej odporúčam mladú generáciu, všetkých trpiacich a všetkých, čo hľadajú pravdu. Odporúčam jej celý váš národ, ktorý nedávno prekročil prah samostatnosti, po ktorej ste tak dlho túžili. Ako nezávislý národ môžete pri vstupe do šaštínskej mariánskej svätyne s ešte väčšou radosťou spievať: „Ty si Mať dobrotivá, patrónka ľútostivá, oroduj vždy za náš národ u svojho Syna.“

Na mnohých miestach sveta a veľa ráz cez rok sa ohlasuje stať Evanjelia sv. Jána, ktorá predstavuje Pannu Máriu pod krížom. Takými miestami sú hlavne mariánske svätyne, kde sa vždy znova aktualizuje toto evanjelium. „Keď Ježiš z výšky kríža videl svoju matku a pri nej učeníka, ktorého miloval, povedal matke: ‚Žena, hľa, tvoj syn.‘ Potom povedal učeníkovi: ‚Hľa, tvoja matka.‘ A od tej chvíle si ju učeník vzal k sebe“ (porov. Jn 19, 25–27).

Ježiš Kristus nás učil volať Boha „Otec“, ako to robil on. Týmto spôsobom sa obraciame na Neviditeľného, ktorý je na nebesiach a súčasne objíma celé stvorenie: „Otče náš, ktorý si na nebesiach, posväť sa meno tvoje.“ Túto modlitbu nás naučil Ježiš Kristus, jednorodený Syn nebeského Otca, pravý Boh. A zhrnul do nej to najdôležitejšie, čo človek môže a má povedať nebeskému Otcovi.

Podobne nás ten istý Kristus ako pravý človek naučil obracať sa na jeho pozemskú matku slovami, ktoré našli svoje definitívne potvrdenie vo chvíli jeho smrti na kríži: „Žena, hľa, tvoj syn.“ Panna Mária ich prijíma z hlasu a zo srdca ukrižovaného Ježiša. Vzťahujú sa priamo na apoštola a evanjelistu Jána, ktorý je tam spolu s ňou pod krížom. Jemu Kristus hovorí: „Hľa, tvoja matka.“

Ale tie slová majú aj širšiu platnosť. Kristus, Syn Boží a syn Panny Márie, zjavuje v hodine svojej smrti pravdu o všeobecnom materstve svojej matky ako matky všetkých ľudí. Apoštol Ján stojí pod krížom, aby zastupoval nás všetkých. A my môžeme v slovách, ktoré Kristus povedal Jánovi, nájsť tú istú pravdu o Máriinom materstve, ako bola odovzdaná jemu. Odvtedy jej môžeme vravieť „Matka moja" a „Matka naša". „Matka moja" – ako jednotlivci; „Matka naša" – ako spoločenstvo. Celé národy ju môžu volať Matka, tak ako to robíte vy, keď jej zverujete každý svoj deň.

Potvrdením toho sú záverečné slová dnešného evanjelia: „Učeník si ju vzal k sebe" ako vlastnú matku (porov. Jn 19, 27). Ona bude bývať s ním ako matka so synom. Tento detail, zachytený v Evanjeliu podľa sv. Jána, je dôležitý aj pre vás, ktorí voláte Pannu Máriu „Matka". Ona túži, aby ste ju prijali do svojho domu, do každého slovenského domu, do celého života vášho národa.

Veď čo predstavuje táto šaštínska svätyňa, ak nie skutočnosť, že Panna Mária, matka Slovákov, býva v tomto jedinečnom dome, v ktorom sa všetci synovia a dcéry vášho národa cítia ako v matkinom dome? Tu, [v Šaštíne], chce Panna Mária, Kristova Matka, „byť pre vás matkou". Chce, aby ste boli voči nej veľmi úprimní a jednoduchí. Tu je jej príbytok a vďaka tomu, že na vašej slovenskej zemi stojí dom Božej Matky, nik z vás nie je bez domova. Sem môže prísť každý a môže sa cítiť ako v matkinom dome.

Dnešnou návštevou šaštínskej svätyne sa pápež chce osobitne poďakovať Božej Matke za tento rodinný domov, v ktorom sa môžu všetci obyvatelia Slovenska, všetci veriaci, bez ohľadu na svoju národnú príslušnosť, cítiť ako doma a zveriť sa láske Matky, ktorá ich tu stále čaká, aby ich vypočula, pochopila a posilnila.

Mária, Matka Kristova a Matka Cirkvi i naša Matka, oroduj za nás!

Po skončení svätej omše Ján Pavol II. korunoval milostivú sochu Panny Márie, umiestnenú vľavo od oltára. O tento krásny akt požiadal Svätého Otca arcibiskup-metropolita Ján Sokol:

Svätý Otče, tu na pódiu, kde sa slávila najsvätejšia obeta, je aj milostivá socha Sedembolestnej Panny Márie, patrónky Slovenska. Táto socha, v ktorej prítomnosti, akoby s ňou pod krížom, sme všetci stáli. Teraz by som vás prosil, keby ste túto milostivú sochu Sedembolestnej Panny Márie, patrónky nášho národa, korunovali a tak túto sochu, pod ktorou a pred ktorou sa toľkí naši predkovia schádzali, osúšali si slzy a získavali útechu a posilu, vyznačili, a týmto spôsobom ešte viac nášmu Božiemu ľudu, žijúcemu pod Tatrami, ju sprítomnili, zvýraznili a podnietili náš veriaci ľud k ešte väčšej úcte k Sedembolestnej Panne Márii, patrónke nášho národa, i k tejto našej národnej bazilike, kde je trón tejto milostivej sochy Sedembolestnej.

Korunovácia milostivej sochy Sedembolestnej Panny Márie patrónky Slovenska

Svätý Otec pred samotnou korunováciou
sa pomodlil túto modlitbu:

Zvelebený si, Pane Bože, Pán neba i zeme. Ty vo svojom milosrdenstve a vo svojej spravodlivosti ponižuješ pyšných a povyšuješ ponížených. Tento obdivuhodný plán si nám dokonale zjavil vo svojom vtelenom Slove a v jeho panenskej Matke. Zhliadni, Pane, dobrotivo na svoj ľud, ktorý kladúc viditeľnú korunu na sochu Panny Márie a jej božského Syna, uznal Krista za Kráľa vesmíru a vzýva Pannu Máriu ako kráľovnú. Daj, aby sme nasledovali jej príklad v oddanej službe tebe a vo vzájomnej činnej láske získavali duše bratov, zapierajúc samých seba. Pomôž nám vyhľadávať tu na zemi to, čo je ponížené, aby sme raz mohli dosiahnuť slávu neba, kde ty sám udelíš korunu života svojim verným služobníkom. Skrze Krista, nášho Pána. Amen.

Chlieb, ktorý sa stane Kristovým Telom

63

Na konci svätej omše Svätý Otec udelil prítomným ako i televíznym divákom apoštolské požehnanie:

Nech vás vždy a všade ochraňuje Panna Mária, skrze ktorú sme dostali pôvodcu života Ježiša Krista. Všetkým vám, ktorí ste prišli osláviť Sedembolestnú Pannu Máriu, nech dobrotivý Boh udelí pravú duchovnú radosť a bohatú odmenu v nebi. Nech vás žehná všemohúci Boh, Otec i Syn i Duch Svätý.

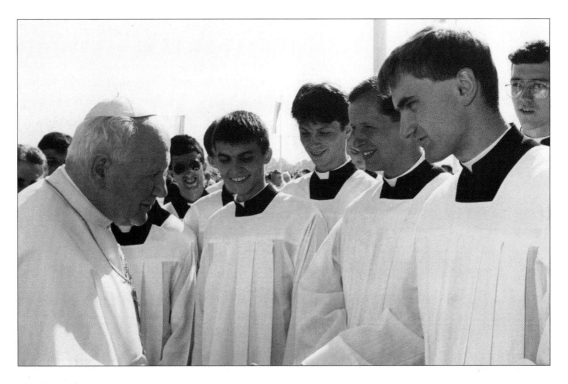

Svätý Otec pozdravuje miništrantov

Hore: O. Šebastián Labo SJ prosí Svätého Otca o osobitné požehnanie pre túto publikáciu
Dole: Don Andrej Dermek SDB a dp. Štefan Vragaš pozdravujú Kristovho námestníka

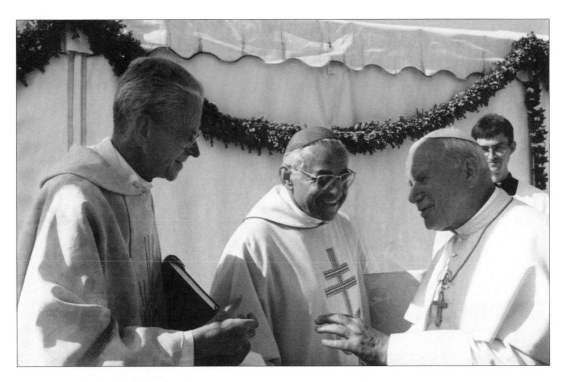

V Šaštíne so Svätým Otcom koncelebrovalo aj niekoľko kardinálov. Hore: kardinál F. Macharski z Krakova a kardinál M. Vlk z Prahy. Dole: kardinál H. H. Groër z Viedne

Hore: kardinál J. Meisner z Kolína nad Rýnom. Dole: kardinál L. Paskai z Ostrihomu

Jedinečnú historickú púť a slávnostnú svätú omšu so Svätým Otcom ukončila chrámová hymna: Bože, čos' ráčil slovenskému ľudu, ktorá patrí k najrozšírenejším cirkevným piesňam na Slovensku. Jej slová napísal v roku 1917 katolícky kňaz, básnik, literárny kritik a slovenský národovec Ján Donoval - Tichomír Milkin (1864-1920).

Treba poznamenať, že so Svätým Otcom koncelebrovali nielen všetci slovenskí biskupi, ale aj sedem kardinálov a vyše tridsať biskupov zo susedných krajín.

Státisíce prítomných veriacich sa iba ťažko lúčili s Kristovým námestníkom, Jánom Pavlom II. Vďačné a radostné prevolávanie: „Nech žije Svätý Otec", ako i mariánske spevy tvorili dôstojný rámec tejto historickej udalosti, ktorej sa žiadna doterajšia nemohla vyrovnať. No nielen vrúcne skandovanie na slávu vzácneho hosťa, ale i desaťtisíce zarosených očí slzami radosti, vďaky, ako i slabej nádeje stretnúť ešte raz Svätého Otca pred milostivou sochou Sedembolestnej Panny Márie v Šaštíne.

Niet pochýb, že pápež Karol Wojtyla je jedinečná osobnosť v dnešnom svete. V roku 1994 bol vyhlásený americkým magazínom Time za muža roka. To by však nestačilo na to, aby priťahoval milióny tak spontánne, ako sme toho všade svedkami.

Karol Wojtyla, tento vynikajúci človek, je zároveň galilejským rybárom, je Petrom našich čias, Kristovým námestníkom. Jeho prirodzené dary, charizmy sa ideálne spájajú s jeho nadprirodzeným poslaním: „Ty si Peter, a na tejto skale postavím svoju Cirkev, a brány pekelné ju nepremôžu."

A tá najvlastnejšia Petrova vlastnosť, lepšie povedané úloha vzhľadom na jeho spolubratov, spočíva v Kristovom odkaze, v jeho závete: „Posilňuj svojich bratov vo viere." Obrovské poslanie, ktoré sa nedá pochopiť pyšným duchom, ale iba pokorným postojom človeka, očami hlbokej viery v Ježiša Krista a v jeho Cirkev.

Po svätej omši odišiel Ján Pavol II. do baziliky Sedembolestnej, kde sa krátko súkromne pomodlil.

Potom nasledoval obed v kláštore otcov saleziánov, na ktorom sa stretol s Konferenciou biskupov Slovenska.

Našim pastierom vo svojom príhovore o. i. pripomenul, že ich „úlohou je ísť medzi ľudí, nadviazať s nimi dialóg a rozvíjať ho. Biskupi sú povolaní vnášať svetlo do svedomia veriacich a ľudí dobrej vôle a to tým spôsobom, že im predkladajú etické zásady, ktoré sú základom pravej demokracie".

Ján Pavol II. v tichej modlitbe v našej národnej svätyni

Cirkev musí byť jasným vzorom nezištnej služby dialógu a silného morálneho vplyvu

Príhovor k členom Konferencie biskupov Slovenska

Ctihodní bratia biskupi!

Pozdravujem vás s veľkou radosťou a láskou pri tomto mojom prvom stretnutí s novou Konferenciou biskupov Slovenska, zriadenou po udalostiach, ktoré pomohli vášmu národu k samostatnosti. Ide o skutočnosť, na ktorú s údivom hľadí svet, lebo Česi a Slováci vedeli vyriešiť svoje problémy cestou dialógu, pokoja a demokracie, a tak sa stali vzorom pre mnohé národy trápené krvavými konfliktmi. V tisícročných dejinách vašej krajiny sa tak začala nová etapa, v ktorej má Konferencia biskupov Slovenska dôležitú úlohu. Má prostredníctvom obnoveného evanjelizačného úsilia a podporovania pravých ľudských hodnôt konkrétnym spôsobom svedčiť o láske Cirkvi k národu.

„Keďže Cirkev má," ako nám pripomína II. vatikánsky koncil, „nadviazať dialóg s ľudskou spoločnosťou, uprostred ktorej žije, je predovšetkým úlohou biskupov ísť medzi ľudí, nadviazať s nimi dialóg a rozvíjať ho. Aby však pri týchto blahodarných rozhovoroch bola vždy pravda spojená s láskou a rozum s láskavosťou, musia vynikať jasnosťou reči, spojenou s poníženosťou, vľúdnosťou a potrebnou obozretnosťou, ktorú však má sprevádzať dôvera, lebo ňou sa buduje priateľstvo a zbližujú sa srdcia" (*Christus Dominus*, č. 13).

Podľa príkladu svätých bratov Cyrila a Metoda, evanjelizátorov slovenského národa, je vaša biskupská konferencia povolaná byť hybnou silou jednoty celého kresťanského spoločenstva. V tomto citlivom štádiu upevňovania a rastu vašej vlasti, ktorá vždy nachádzala základný prvok svojej identity v kresťanských hodnotách, čakajú vašu cirkev nové a náročné úlohy. Má sa ukázať ako jasný a príkladný vzor nezištnej služby, dialógu, lásky k najbiednejším a silného morálneho vplyvu, aby tak prispela k utváraniu budúcnosti dôstojnej človeka.

Otvorenie hraníc, nové podmienky slobody a demokracie, rozšírená možnosť výmeny informácií prinášajú k vám spolu s nepochybnými výhodami aj nové ťažkosti pre veriacich ľudí a pre usporiadané občianske spolužitie. Preto ako ste pomáhali svojmu ľudu odrážať útoky ateistického komunizmu, tak sa teraz usilujte poskytovať mu primerané prostriedky, ktoré by ho posilnili proti nepriateľom dneška: proti prehnanému subjektivizmu, praktickému materializ-

70

mu, náboženskej indiferentnosti, konzumizmu, sekularizmu a hedonizmu. Aj pre vaše cirkevné spoločenstvá „nadišla hodina začať novú evanjelizáciu" (*Christifideles laici*, č. 34). Tá spočíva predovšetkým v ohlasovaní Krista, Vykupiteľa človeka, a jeho „nepochopiteľného bohatstva, ktoré nemôže nijaká kultúra a nijaká epocha vyčerpať a ku ktorému môžeme my ľudia vždy prichádzať, aby sme sa obohatili" (*Insegnamenti di Giovanni Paolo II,* XV/2, s. 318). Lebo „niet opravdivej evanjelizácie, ak sa neohlasuje meno, učenie, život, prisľúbenia, kráľovstvo a tajomstvo Ježiša z Nazareta, Božieho Syna (*Evangelii nuntiandi,* č. 22).

Vzhľadom na nové požiadavky súčasného sveta je však potrebné, aby ohlasovanie evanjelia oživoval a podporoval nový zápal ducha. Tento zápal má viesť k hodnovernejšiemu kresťanskému štýlu života a k trvalému úsiliu podávať vhodnými metódami a spôsobmi vyjadrenia večnú mladosť spásneho posolstva v úplnej vernosti pokladu viery. Tak sa evanjelium stane pre váš ľud orientačným bodom, opravdivou dušou jeho kultúry a rozhodujúcim faktorom jeho civilizácie. Konkrétne „je nevyhnutne potrebné", ako som spomenul v apoštolskej exhortácii Christifideles laici, „obnoviť všade kresťanský podklad ľudskej spoločnosti. Podmienkou toho však je obnovenie kresťanského podkladu samotných cirkevných spoločenstiev" (č. 34).

Nová evanjelizácia sa teda týka aj života vašej cirkvi, ktorá je povolaná v zmenených okolnostiach k novej vernosti a k obnovenej láske ku Kristovi. Ako pripomína apoštolská exhortácia *Evangelii nuntiandi,* aby Cirkev bola „evanjelizujúcou, začína evanjelizovať samu seba... Potrebuje stále načúvať tomu, čo má veriť, dôvodom svojej nádeje a novému prikázaniu lásky. Ako Boží ľud, ponorený do sveta a často pokúšaný modlami, potrebuje stále počúvať o „veľkých Božích skutkoch", ktoré ju obrátili k Pánovi, a potrebuje, aby ju Pán znova zvolával a zhromažďoval. Jednoducho to znamená, že potrebuje byť stále evanjelizovaná, ak si má zachovať sviežosť, zápal a silu na ohlasovanie evanjelia" (č. 15).

Nová evanjelizácia vyžaduje obnovu úsilia o svätosť, nový štýl spoločenstva, intenzívnejšiu lásku k evanjeliu a zreteľnejšiu prítomnosť v živote vášho ľudu. Obnovené ohlasovanie evanjelia - dielo celého Božieho ľudu – má svoje ťažisko v miestnej cirkvi a vo farnosti, ktorá je jej „bezprostredným a viditeľným prejavom" a „posledným vymedzením" (*Christifideles laici,* č. 26). Preto treba aj vo vašej krajine vynaložiť všetko úsilie na to, aby táto „starobylá a dôstojná štruktúra" – farnosť – bola podnietená k „rozhodnejšej obnove". Prijaté, slávené a dosvedčované Božie slovo sa tak zameria s obnoveným misionárskym nadšením na svet mladých, na rodinu, školu i celú spoločnosť a všetko prekvasí a oživí silou a svetlom evanjelia.

Okrem farnosti treba povzbudzovať a podporovať laické hnutia a združenia uznané cirkevnou autoritou a rozšírené aj v iných častiach sveta. Keďže pôsobia predovšetkým v prostredí, ktoré je ťažko prístupné riadnej pastorácii, prispievajú svojou charizmou, svojou živosťou a svojou horlivosťou k čoraz konkrétnejšiemu a živšiemu ohlasovaniu evanjelia a k obnove pastoračnej činnosti miestnej cirkvi.

Ctihodní bratia biskupi, pre dobrý výsledok novej evanjelizácie budú rozhodujúce dve pastoračné úlohy, ktoré sa už úspešne rozbiehajú vo vašich diecézach: formácia kléru a príprava laikov. Po rokoch izolácie a nemožnosti dostať sa k normálnym prostriedkom a nástrojom obnovy, ktoré ťažko doliehali na mnohých kňazov, treba dať absolútnu prednosť ich trvalej formácii nielen preto, aby si vyplnili niektoré medzery, ale predovšetkým preto, aby ste ich pripravili na nové pastoračné úlohy, a tak nasmerovali ich energie a duchovné bohatstvo, nahromadené v rokoch prenasledovania, na nové misionárske ciele.

Na prvom mieste im treba pomôcť poznať dôležité dokumenty II. ekumenického vatikánskeho koncilu, ktorý bol centrálnou udalosťou kresťanských dejín v našom storočí, aby naplno prijali veľké koncilové intuície ako milosť a ako nenahraditeľný nástroj na ohlasovanie evanjelia v súčasnej spoločnosti.

Na dosiahnutie týchto cieľov treba zamerať normálne formačné prostriedky, ako sú duchovné cvičenia a duchovné obnovy, obnovné stretnutia na štúdium teológie a pastorálky, porovnávanie skúseností získaných inde na podnietenie spirituality spoločenstva a štýlu pastoračnej spoluzodpovednosti. Nie menej dôležitá je príprava budúcich kňazov. S veľkou radosťou konštatujem, že vo vašej krajine vzrastá počet seminaristov: svedčí to o životnosti a mladistvosti vašich cirkví a je to sľubný znak nádeje do budúcnosti.

Tento rozkvet povolaní vás zaväzuje prispôsobiť formáciu a štruktúru seminárov smerniciam Koncilu a neskorším dokumentom Cirkvi, aby sa potrebná pedagogická citlivosť spájala s vernosťou základným zásadám každej seminárskej formácie, ktorými sú správna náuka, solídna spiritualita a pastoračné zameranie.

Nová evanjelizácia ako dielo celého kresťanského spoločenstva vyžaduje aj veľké úsilie pri formovaní laikov. Keďže boli vylúčení zo sľubného obdobia zaangažovanosti laikov, ktoré otvoril v celej Cirkvi II. vatikánsky koncil, čakajú na pomoc, aby dohonili stratený čas. Starostlivosť o nich musí byť stredobodom vašej pastoračnej starostlivosti. Keďže sú na základe krstu a birmovania plnoprávnymi členmi Božieho ľudu, treba ich stále viac zapájať do prorockého, kňazského a kráľovského poslania celej Cirkvi, aby účinne prispievali k inkulturácii viery v rámci nových perspektív, ktoré sa otvárajú vo vašej krajine. Treba im poskytnúť všestranné možnosti formácie, aby si plne uvedomili evanjeliové požiadavky vďaka čoraz živšiemu vedomiu svojej zodpovednosti. Veď formácia laikov privádza ku kresťanskej obnove rodín, kultúry, školy, sveta práce, politiky a celej spoločnosti. Základom kresťanskej formácie laikov je život modlitby, duchovné vedenie a nadovšetko organická a systematická katechéza, ktorá musí sprevádzať každý vek ľudského života, počnúc obdobím školskej výchovy, ktorá je základom každého nasledujúceho rozvoja. V tomto smere bude veľkou pomôckou Katechizmus katolíckej Cirkvi, „bezpečný, autentický a smerodajný text na vyučovanie katolíckej náuky a predovšetkým na zostavovanie miestnych katechizmov" (apoštolská konštitúcia *Fidei depositum*, č. 4). Osobitnú pozornosť treba venovať katechéze dospelých, ktorá je ústredným problémom súčasnej pastorácie a „hlavnou formou katechézy, lebo sa obracia na osoby, ktoré majú najväčšiu zodpovednosť a schopnosť žiť kresťanské posolstvo v jeho naplno rozvinutej podobe" (*Catechesi tradendae*, č. 43). Je potrebné, aby kresťanské spoločenstvo vedelo na tento cieľ zriadiť miesta uspôsobené na katechézu a systematickým ohlasovaním Božieho slova obnoviť tradičné náboženské prejavy ľudu.

Netreba zabúdať, že prvým a najdôležitejším miestom katechézy je rodina a že jej treba dať privilegované miesto v pastoračnej starostlivosti. Mojim slovám o formácii laikov by niečo chýbalo, keby som sa nezastavil a nepovedal, aká dôležitá je formácia vzdelaných kresťanských laikov. Posilňovaní hlbokou vierou majú si dôkladne osvojiť bohatstvo tradície, v ktorom je obsiahnutá akoby duša národa, aby boli schopní otvoriť sa súčasným požiadavkám a začleniť ich do nových syntéz univerzálnych hodnôt, ktoré sú základom autentického humanizmu. To je úloha opravdivej kultúry.

A preto možno povedať, že kultúra vytvára národ. Budúcnosť národa sa pripravuje vo vyhni dialógu v oblasti kultúry medzi jeho najlepšími synmi. Preto je veľmi dôležité vytvoriť vhodné podmienky na postavenie mosta medzi bohatstvom ľudskej a kresťanskej tradície a perspektívami, ktoré sa otvorili výdobytkami nášho veku, ako aj – v súčasnosti – medzi antickou klasickou kultúrou a novou vedeckou kultúrou, medzi prínosom modernej kultúry a večným posolstvom evanjelia. To je požiadavka, pred ktorou Cirkev nemôže zostať indiferentná. V súvislosti s kvalifikáciou laikov netreba napokon zabudnúť ani na ich formáciu pre sociálnopolitické úlohy vhodným šírením a štúdiom sociálnej náuky Cirkvi. Náležite formovaní katolícki laici majú totiž vniesť evanjeliové posolstvo do každého spoločenského prostredia, vrátane politickej sféry. Biskupi sú zasa povolaní vnášať svetlo do svedomia veriacich a ľudí dobrej vôle tak, že im predkladajú etické zásady, ktoré sú základom pravej demokracie, ktorá rešpektuje dôstojnosť človeka a jeho ľudské i kresťanské povolanie. Je tiež úlohou biskupov pričiňovať sa, aby v živote spoločnosti prevládlo úsilie o spoločné dobro, o svornosť a o zmierenie.

Vo vašej republike žijú okrem Slovákov aj katolíci iných národnostných skupín: Česi, Rómovia a vo veľkom počte Maďari. Viem o tom, ako horlivo sa staráte o zaistenie podmienok pre primeranú duchovnú službu týmto veriacim, aby každý z nich mohol chváliť Pána vo vlastnom jazyku.

Vo vašich seminároch sa aj slovenskí kandidáti kňazstva učia maďarský jazyk, aby mohli pastoračne poslúžiť týmto spoločenstvám. Niektorí biskupi dobre poznajú maďarskú kultúru a ovládajú maďarskú reč. Som si istý, že toto úsilie bude pokračovať, aby rástla zhoda a vzájomné porozumenie.

Rozdielnosť jazykov a kultúr nesmie byť nikdy príčinou nesvornosti, ale má sa stať príležitosťou na vzájomné obohatenie. V úsilí, s akým sa Cirkev otvára oprávneným požiadavkám menšinových spoločenstiev, sa ešte zrejmejšie javí rozmer jej katolíckosti. Cirkev sa, samozrejme, nemôže prepožičať nárokom ani manipulácii nijakého nacionalizmu, ale na základe svojej tisícročnej skúsenosti cíti povinnosť rešpektovať práva a povinnosti tak väčšinového spoločenstva, ako aj menšinových spoločenstiev žijúcich v štáte.

Milovaní a ctihodní bratia biskupi! Príchod tretieho tisícročia volá celú Cirkev, aby s novou silou vyznala vieru v jediného Pána a dala súčasnému svetu výraznejšie a konkrétnejšie svedectvo lásky a jednoty.

Vyslovujem spokojnosť s úsilím o obnovu vašich spoločenstiev – ktorého hlavným nástrojom je Desaťročný pastoračný plán a hybnou silou príprava na Veľké jubileum roku 2000 – a zároveň vás povzbudzujem, aby ste s veľkou odvahou pokračovali v začatom diele.

Nech vám svedectvo a príklad vašich svätých patrónov Cyrila a Metoda i žiarivý príklad košických mučeníkov, ktorých zajtra s radosťou vyhlásim za svätých, pomáhajú, aby sa každý váš úmysel a každý váš čin zakladal na čoraz väčšej láske ku Kristovi a na úplnej a nezištnej oddanosti záujmom evanjelia.

Všetkých vás i vaše úlohy a predsavzatia zverujem Sedembolestnej Panne Márii, patrónke Slovenska. Tieto svoje želania sprevádzam uistením o neprestajnej spomienke pred Pánom a osobitným apoštolským požehnaním.

Dúfam, že čitateľ s porozumením prijme na tomto mieste a v kontexte tohto historického, ale hlavne nesmierne milostivého dňa pre celý náš slovenský národ malú osobnú reflexiu. Počas druhej návštevy Svätého Otca na Slovensku som bol denne celé hodiny spolu s otcom biskupom Pavlom Hnilicom, s ktorým úzko spolupracujem už plných dvadsaťpäť rokov.

Otca biskupa Hnilicu som spoznal na Svätopeterskom námestí počiatkom októbra roku 1963, niekoľko dní po mojom nedobrovoľnom úteku zo Slovenska a príchode do Ríma, kde som sa stal seminaristom známeho pápežského kolégia Nepomucenum. S otcom Pavlom, o ktorom sa vtedy ešte nevedelo, že je už roky tajným biskupom, som mal na Námestí svätého Petra rozhovor, na ktorý som medzičasom dávno zabudol, ale ktorý mi on verejne pripomenul 1. mája 1990 počas mojej primičnej svätej omše v mojej rodnej obci Valaskej Belej.

Pán biskup spomenul vo svojom príhovore tento rozhovor: „Otec Šebastián, vtedy ešte len Šebastián a nijaký páter ako teraz, mi položil otázky, ktoré mňa veľmi prekvapili a životne zaujímali. Pýtal sa ma, čo my tu na Západe vôbec robíme pre Cirkev na Slovensku, ktorá je vo veľkom nebezpečí, lebo nepriatelia Boha ju chcú likvidovať. Zároveň sa pýtal, ako konkrétne pomáhame našim bratom a sestrám vo vlasti.

Bol som tým prekvapený a zároveň mi bolo jasné, že tento čerstvý seminarista neskôr by mohol byť mojím dobrým spolupracovníkom na poli šírenia fatimských zjavení. Najprv musel však ukončiť štúdiá.

Po piatich rokoch 1. marca 1969 som ho v Ríme vysvätil na kňaza. O päť mesiacov neskôr nastúpil v Innsbrucku do noviciátu k jezuitom.

Vtedy som mu priateľsky, ale jasne naznačil, že by som bol rád, keby sa o dva roky po skončení noviciátu stal mojím spolupracovníkom. Tak sa aj stalo. Dnes pri jeho prvej svätej omši medzi vami, hoci otec Šebastián je už dvadsaťjeden rokov kňazom, drahí veriaci, môžem úprimne ďakovať za to, že váš rodák je už takmer dvadsať rokov v západnej Európe mojím verným spolupracovníkom pri šírení fatimského posolstva, ako i pri poskytovaní pomoci komunistami prenasledovanej Cirkvi, najmä tu na Slovensku," *zakončil svoje „laudatio" otec biskup Pavol Hnilica.*

V rokoch 1971 až 1989 sme boli obaja často na rôznych miestach najmä v Západnom Nemecku, kde sme kázali na tému: prenasledovaná Cirkev v strednej a východnej Európe vo svetle fatimských zjavení a posolstva Panny Márie. Toto posolstvo obsahovalo aj víťazstvo Panny Márie nad bludom komunizmu. Hoci totalitné režimy v tom čase sa cítili ešte veľmi pevné vo svojom sedle a prenasledovanie Cirkvi sa postupom času stupňovalo, nikdy sme s otcom Pavlom nezapochybovali o konečnom víťazstve Božej Matky, najmocnejšej Panny.

Toto víťazstvo prišlo už koncom roka 1989, keď sa zrútilo komunistické násilie. A tak sme i my dvaja okolo poludnia v sobotu 23. decembra 1989 prekračovali rakúsko-slovenské hranice, aby sme po desaťročiach núteného vyhnanstva mohli opäť vstúpiť na zem nám takú drahú, našu rodnú zem, našu slovenskú zem, ktorú sme napriek zime s úctou a vďakou aj pobozkali.

V priebehu minulých piatich rokov sme zažili na Slovensku či už jednotlivo, alebo i spoločne veľa radosti a krásneho v duchovnom, náboženskom slova zmysle. Z toho všetkého aspoň tie najzávažnejšie okamihy: sloboda Cirkvi, obsadenie diecéz biskupmi, obnovenie rehoľných spoločností, rozmach náboženskej literatúry, prvá návšteva Slovenska Jánom Pavlom II. v apríli 1990 atď.

Jednako pápežova druhá návšteva a osobitne jeho príchod do Šaštína, eucharistická slávnosť, korunovanie Sedembolestnej, jeho požehnanie každému jednotlivo, ako i celému slovenskému národu sa nám obom zdalo v prvom momente iba akoby prekrásny a radostný sen. A predsa to bola skutočnosť, čas milosti, čas vnútorného pokoja a hlbokej radosti, aké nás stretajú v živote raz alebo dvakrát.

Nepochybujem o tom, že prítomní veriaci v počte skoro pol milióna mali nevšednú radosť a prežívali jeden z najkrajších a najšťastnejších dní svojho života. Predsa si dovolím skromne tvrdiť, že radosť otca biskupa Pavla Hnilicu, ako i moja z víťazstva Máriinho vo svetle fatimských zjavení bola mimoriadna. Cítili sme niečo z prisľúbenej nebeskej radosti, ktorú sme v duchu želali všetkým obyvateľom Slovenska.

Ak by tam bol býval predsa niekto so smútkom a nepokojom v srdci, bola by to len škoda. To by bol dôkaz, že ten brat či tá sestra nepoznajú silu a krásu našej viery a nevedia sa radovať čisto, nezištne, alebo že ich srdce ťažil hriech, zmietalo sa v závisti, či dokonca v nenávisti voči bratovi. Štyridsaťročná ateizácia národa, ako aj túžba po kariére, po moci spôsobili veľa duchovného zla u mnohých členov nášho národa.

Za nich všetkých v duchu fatimského posolstva, ktoré v kocke možno vyjadriť: „veriť, dúfať, milovať a obetovať sa za tých, ktorí to sami nerobia," treba vrúcne prosiť našu nebeskú Matku, v tomto prípade Sedembolestnú Pannu Máriu: Útočište hriešnikov, Potešenie zarmútených, milosrdná Matka, naša nebeská – Mať dobrotivá, patrónka ľútostivá, oroduj vždy za náš národ u svojho Syna.

Vďaka vám, Svätý Otče!

Dosť dlho sa hovorilo, že Svätý Otec Ján Pavol II. zavíta na Slovensko. Veď pozvanie dostal už pri svojej prvej návšteve. Tieto reči o návšteve sa potvrdili začiatkom tohoto roku schválením jeho návštevy.

Nejedného katolíka táto správa potešila a jeho srdce zaplesalo. Príde posol lásky a pokoja! Tak potrebný pre naše nepokojom sa zmietajúce dni.

A prišiel. Bolo to 30. júna 1995, keď sme ho očakávali s jasnými tvárami na letisku v Bratislave. Biskupi Slovenska, pán prezident, predseda vlády s jej členmi, predseda parlamentu s podpredsedami a Boží ľud. Keď zastalo lietadlo a vystúpil z neho Svätý Otec, jasajúci zástup privolával: Nech žije Svätý Otec! Nech žije Svätý Otec!

Po oficiálnom ceremoniáli Ján Pavol II. nasadol do papamobilu a vydal sa na cestu do starobylého Dómu svätého Martina, konkatedrály Bratislavsko-trnavskej arcidiecézy, kde sa stretol s kňazmi, rehoľníkmi, rehoľníčkami, bohoslovcami a laikmi.

Môj pohľad na príchod Svätého Otca, Námestníka Kristovho, nástupcu svätého Petra, hlavy katolíckej Cirkvi?

Priznám sa, že som mal tak trocha strach a obavy. Veď eufória, ktorá tu bola, sa už dávno vytratila a mnohí sú ako kvety zvädnuté od horúceho slnka. Od prvého okamihu som bol milo prekvapený množstvom ľudí, ktorí tvorili špalier od letiska až po vchod do Dómu.

Vrcholom bolo stretnutie v samotnom Dóme. Bolo vidieť, ako tento ľud miluje Kristovho námestníka. Celkom tak ako deti dobrého otca. Prejavy radosti, nadšenia, ale aj sĺz vytvárali takú atmosféru, akú som nečakal. Bolo to oslovujúce, pozbudzujúce. Vtedy som si uvedomoval, že tento chrám v jeho

Vo dvore saleziánskeho kláštora v Šaštíne Svätý Otec zasadil lipu – symbol svornosti a pokoja

histórii už navštívilo mnoho osobností, boli v ňom korunovaní králi, ale taká návšteva tu ešte nebola. Pápež – hlava katolíckej Cirkvi, prvý Slovan na Petrovom stolci.

Druhý deň návštevy patril tiež našej arcidiecéze, keď Ján Pavol II. navštívil Šaštín – našu národnú svätyňu, Baziliku Sedembolestnej Panny Márie, patrónky Slovenska. Milovaného hosťa tu čakali státisíce pútnikov, ktorí prišli pozdraviť veľkého ctiteľa Panny Márie. Svätý Otec bol svieži, na jeho tvári nebolo vidieť únavu a pri stretaní sa s pútnikmi cestou k oltáru bol bezprostredný, a čo ma najviac dojalo, keď on, ktorý má ťažkosti s chôdzou, zišiel z cesty a šiel k chorým na vozíčkoch, aby ich potešil a dal im najavo, že ich má rád a že nie sú zbytoční. Oni sa mu odvďačili radostným úsmevom a potom duchovnou kyticou, ktorú mu priniesli spolu s obetnými darmi.

Nie menej na mňa zapôsobilo korunovanie sochy Sedembolestnej Panny Márie a jej Syna v náručí. Bola to skvelá myšlienka, že práve pútnik prichádzajúci k Sedembolestnej, vykonal tento obrad korunovácie. Tak sa táto milostivá socha Panny Márie, pred ktorou toľkí dosiahli útechu, posilu, vyslyšanie a pomoc, ešte viac zvýrazní.

Aký je duchovný prínos tejto návštevy? Ten sa nedá vyčísliť! Predovšetkým aspoň trocha sa utíšila nepokojná hladina, lebo Svätý Otec nás povzbudil k zmiereniu, láske a pokoju. Slová, ktoré nám adresoval, iste ostanú vodítkom pre nás aj v ďalších dňoch. Som presvedčený, že nás budú viesť k duchovnej obnove a tým aj k lepším medziľudským vzťahom.

Veď Svätý Otec oslovil aj tých, ktorí mali voči jeho návšteve výhrady. Sami mi to povedali mnohí a zmenili svoj názor. Aj podľa nich Ján Pavol II. je muž Boží, ktorého treba počúvať a jeho slovami sa riadiť.

Jeho návšteva priniesla pozitívny vzťah aj iným vierovyznaniam a vylepšila ekumenizmus v našej vlasti. Tak to napísali predstavitelia Evanjelickej cirkvi augsburského vyznania na Slovensku. Okrem toho sa o nás Slovákoch dozvedel skoro celý svet, ktorý hodnotil veľmi pozitívne túto návštevu. Dostal som listy z Talianska, Poľska, Maďarska, v ktorých mi vyjadrili poďakovanie a obdiv toho, čo sledovali na televíznych obrazovkách, alebo osobnou prítomnosťou v Šaštíne. O duchovnom prínose tejto tak prevzácnej návštevy námestníka Kristovho, nástupcu svätého Petra, hlavy katolíckej Cirkvi, pre našu vlasť, by sa dalo napísať ešte veľmi veľa.

Čo by som si želal ja sám pre arcidiecézu z tejto návštevy? Len to, aby nezapadla prachom, ale naopak, aby bola stále živou v mysliach a v konkrétnych skutkoch našich veriacich. Prial by som si, aby poznačila natrvalo naše medziľudské vzťahy a vyvolávala neustále úctu jedného k druhému. Aby nás zbavila závisti a naplnila radosťou z úspechu druhého.

Želal by som si, aby prispela k trvalej duchovnej obnove na Slovensku, ktorá je taká potrebná na každom úseku nášho života. Nech nám k tomu dopomôže prímluva tej, ktorá už stáročia je patrónkou a ochrankyňou nášho národa.

Tá, ktorej milostivú sochu korunoval veľký mariánsky ctiteľ Ján Pavol II. pri svojej návšteve v národnej svätyni v Šaštíne.

Verím, že sa tak stane, zvlášť vtedy, ak sa kňazi budú vo svojich príhovoroch k veriacim vracať k myšlienkam, ktoré nám tu Svätý Otec povedal. Nech k tomu dopomôžu aj moje modlitby, obety a požehnanie.

Mons. Ján Sokol
arcibiskup-metropolita

BRATISLAVA

1. júla 1995

Stretnutie s prezidentom a premiérom

Stretnutie so zástupcami nekatolíckych náboženstiev

Modlitba svätého ruženca

Opäť v Bratislave

Po krátkom odpočinku Ján Pavol II. spolu so svojím sprievodom odišiel zo Šaštína do Bratislavy. V Primaciálnom paláci na neho čakali zdvorilostné stretnutia s pánom prezidentom SR, s pánom predsedom vlády a s ďalšími našimi verejnými predstaviteľmi. Na stretnutie prišiel Ján Pavol II. z nunciatúry peši.

Niektorých novinárov prekvapilo, že si obaja naši vrcholní politici pri stretnutí podali ruky, z čoho sa pokúšali vyvodzovať ďalekosiahle závery. Prezident Michal Kováč si na stretnutie so Svätým Otcom priviedol okrem manželky aj vnučku.

Predsedu vlády SR sprevádzala jeho manželka. Potom prezident Michal Kováč i premiér Vladimír Mečiar rokovali paralelne so

Svätým Otcom ako i so štátnym sekretárom Vatikánu kardinálom Angelom Sodanom. Oficiálne príhovory pri tejto príležitosti neodzneli.

Prezident Michal Kováč v rozhovore s Jánom Pavlom II. osobitne vyzdvihol proces zbližovania cirkví. Predmetom súkromného rozhovoru bola aj vnútropolitická situácia v Slovenskej republike, pričom slovenský prezident vyjadril nádej, že sa pod vplyvom návštevy Svätého Otca podarí dosiahnuť občianske zmierenie a v politickom živote presadzovať morálne zásady a kultúrne spôsoby.

Súkromný rozhovor Jána Pavla II. s pánom premiérom Vladimírom Mečiarom trval tiež pol hodiny. Podľa vyjadrenia pred-

Stretnutie Svätého Otca s prezidentom Slovenskej republiky Michalom Kováčom

sedu vlády v rozhovore nadviazali na aprílové stretnutie vo Vatikáne a zhodli sa spolu s kardinálom Angelom Sodanom na tom, že konkordát so SR nie je potrebný. „Preto by malo dôjsť k dohode jednotlivých rezortov a biskupskej konferencie o spolupráci," vyhlásil o. i. Vladimír Mečiar.

Na otázku, či sa zaoberali vnútropolitickou situáciou, premiér odpovedal, že na to nebol dôvod. Zaoberali sa len otázkami, ktoré súvisia s vierou a Cirkvou, povedal predseda vlády.

Po týchto stretnutiach sa Ján Pavol II. vrátil z Primaciálneho paláca späť na Apoštolskú nunciatúru, kde prijal zástupcov nekatolíckych cirkví.

Pozvanie prijali: Pavel Procházka, predseda Evanjelickej cirkvi metodistickej, Ján Hradil, generálny vikár Cirkvi českosloven-

skej husitskej na Slovensku, Pavol Traubner, čestný predseda Ústredného zväzu židovských náboženských obcí v SR, Eugen Mikó, biskup Reformovanej kresťanskej cirkvi na Slovensku, Karol Gábriš, dekan Evanjelickej bohosloveckej fakulty UK, Július Filo, generálny biskup Evanjelickej cirkvi a. v. na Slovensku, a Juraj Kohút, predseda Bratskej jednoty baptistov v SR.

Podľa vyjadrenia účastníkov tohoto ekumenického stretnutia bolo možné zistiť ich všeobecnú, až nadmiernu spokojnosť zo stretnutia a z úprimných rozhovorov so Svätým Otcom.

Deň po stretnutí s Jánom Pavlom II. evanjelický biskup Július Filo s poukazom na skutočnosť, že v mnohých krajinách sveta sú vzťahy a spolupráca medzi cirkvami oveľa lepšie ako na Slovensku, vyhlásil toto:

Stretnutie Svätého Otca s predsedom vlády SR Vladimírom Mečiarom a jeho manželkou

81

„Dúfam, že sa situácia v tejto oblasti zlepší. Ján Pavol II. je jednou zo vzácnych postáv nášho storočia a vyvinul veľa pozitívneho úsilia v otázkach mieru, pokoja a spravodlivosti vo svete."

Pavol Traubner, čestný predseda Ústredného zväzu židovských náboženských obcí v SR, zo svojej strany povedal: „Návšteva Jána Pavla II. je poctou pre všetkých obyvateľov Slovenskej republiky, a to nielen pre veriacich kresťanov, ale aj pre židovskú komunitu.

Keby sme všetci žili takým spôsobom, ako načrtol Svätý Otec, myslím, že by na svete nebola neznášanlivosť, xenofóbia ani antisemitizmus."

Druhý deň svojej apoštolskej návštevy na Slovensku, ktorý mal rovnako náročný program ako prvý, zakončil Ján Pavol II. modlitbou svätého ruženca v kostole sestier uršulínok, ktorý je zasvätený Loretánskej Panne Márii.

Vatikánsky rozhlas vysiela modlitbu svätého ruženca denne a v prvú sobotu v mesiaci sa vždy predmodlieva Svätý Otec. Túto svoju obľúbenú modlitbu Ján Pavol II. nikdy nevynechá, ani keď je mimo Vatikánu.

K Vatikánskemu rozhlasu sa pridal nielen náš, ale v priamom prenose ho vysielala aj Slovenská televízia.

Pred samotnou modlitbou (po latinsky) Svätý Otec mal krátku meditáciu.

Stretnutie s predstaviteľmi nekatolíckych cirkví a náboženských spoločenstiev

Nech Sedembolestná Panna Mária vyprosí pokoj všetkým národom, ktoré trpia a sú obeťou neznášanlivosti a násilia

Meditácia pred modlitbou svätého ruženca

„Požehnaný je plod života tvojho Ježiš" (porov. Lk 1, 42). Túto chválu na Pannu Máriu, ktorá je pokračovaním Alžbetinho pozdravu, opakujeme dnes večer aj my pri ružencovej modlitbe.

Vzdávame hold Panne Márii s mysľou upriamenou na početné mariánske svätyne tejto krajiny, najmä obraz Sedembolestnej Panny Márie, hlavnej patrónky Slovenska.

Plodom Máriinho života je Slovo, ktoré sa stalo telom, Ježiš Kristus, ktorý nás vykúpil tým, že vzal na seba kríž (porov. Hebr 12, 2). V ňom Boh Otec zmieril všetko so sebou.

Panna Mária nosí v lone Vykupiteľa sveta a predstavuje ho v chráme ako „znamenie, ktorému budú odporovať" (Lk 2, 34), a ako výkupnú obetu za celé ľudstvo. Pri kríži Panna Mária, živá ikona Cirkvi, znova objíma Kristovo telo. Aj Cirkev predstavuje svetu Krista Vykupiteľa a vždy je pozornou svedkyňou toho, ktorý pretrpel také veľké nepriateľstvo ľudí.

Panna Mária, ktorá je prvým a najkrajším ovocím vykúpenia, predchádza nás vo viere a všetkým ohlasuje tajomstvá nádeje a slávy. Ona, zatônená Duchom Svätým, počala a porodila vtelené Slovo a znova sa objavuje uprostred spoločenstva apoštolov v deň Turíc ako Matka Cirkvi. V nanebovzatí vyvýšená s telom i dušou do neba žiari svetu ako vzor obnoveného ľudstva.

Spolu s ňou hľadíme aj my do neba, kam už naša ľudská prirodzenosť vstúpila s Kristom, ktorý vystúpil do neba a sedí po pravici Otca, aby nám pripravil miesto vedľa seba v sláve (porov. Jn 14, 2–3).

Dnes večer vzývame Pannu Máriu, aby nás ochraňovala a ako Matka Vykupiteľa nám vyprosovala Kristov pokoj. Pokoj trvácny a osožný, zdroj pokroku pre celú slovenskú spoločnosť. Každý nech znovu nájde radosť z toho, že môže žiť v priateľstve – s dôverou a aktívnou účasťou – uprostred bratov a sestier svojho národa vo svojej vlasti. Nech Panna Mária, Kráľovná pokoja, daruje celému spoločenstvu národov Európy a štátom, ktoré ju tvoria, schopnosť navzájom sa chápať, rešpektovať a posilňovať vzájomnú dôveru, aby mohli spoločne vytvárať budúcnosť založenú na solidarite a pokroku.

Nech Matka ukrižovaného Vykupiteľa vyprosí pokoj národom, ktoré trpia a sú obeťou neznášanlivosti a násilia. Nech čím skôr nadíde aj pre nich úsvit pokoja a nového života.

Svätá Panna, my nazývame požehnaným plod tvojho života. Pomôž nám pochopiť Ježišovo slovo, ktoré je náročné, ale pravdivé a ako také môže v srdci vzbudiť opravdivú radosť. Sedembolestná Panna, pomôž nám osvojiť si zmýšľanie Ježiša Krista, tvojho Syna. Pomôž nám nasledovať ho na strmej kalvárskej ceste, aby sme v kríži objavili tajomstvo nového života, ktorý už viac nepodlieha smrti. Panna slávna, v ťažkých chvíľach života oživuj v nás nádej na oblažujúce stretnutie s Bohom, keď „mu budeme podobní, lebo ho budeme vidieť takého, aký je" (Jn 3, 2).

Svätý Otec so sestrami uršulínkami

Svätý Otec počas modlitby svätého ruženca

Do malého kostola mohol vojsť len obmedzený počet veriacich, a preto sa na blízkom bývalom Hlinkovom námestí zhromaždilo vyše desaťtisíc veriacich, ktorí sa v tichu a so zapálenými sviečkami v rukách modlili spolu so Svätým Otcom radostný ruženec. Bolo tu skoro toľko ľudí ako kedysi v novembri 1989.

Náčelník Bratislavskej mestskej polície Peter Ondrejkovič komentoval neočakávané zaplnenie hornej časti námestia: „Museli sme operatívne odkloniť dopravu z centra mesta. Rátali sme, že sem príde len pár stovák veriacich, a nie pätnásťtisíc občanov.“

Redaktor Pravdy sa opýtal študentky UK, 19-ročnej Z. Mederlyovej, prečo prišla osobne na námestie modliť sa ruženec, keď sa ho mohla modliť i doma pri televízore. Odpoveď Zuzky znela: „Po mojom včerajšom zážitku zo stretnutia Svätého Otca s mládežou v Nitre viem, že sledovať jeho dnešnú modlitbu doma pred televíziou by bolo plytkejšie, ako modliť sa spolu s ním a s ostatnými veriacimi tu v jeho blízkosti.“

Po skončení modlitby svätého ruženca sa zástup veriacich z blízkeho námestia iba pomaly, akoby nerád rozchádzal v radostnej nálade za spevu známej piesne: „Toto je deň, ktorý dal nám Pán, radujme sa a veseľme sa v ňom. Toto je deň...“

Po modlitbe svätého ruženca sa Ján Pavol II. odobral na zaslúžený odpočinok, aby v nedeľu ráno nastúpil na ďalšiu cestu svojej púte po Slovensku, do Košíc.

Nechajte maličkých prísť ku mne. Svätý Otec pozdravil aj deti, ktoré sa s ním modlili svätý ruženec

KOŠICE

2. júla 1995

Svätorečenie košických mučeníkov

Košice privítali Jána Pavla II.

Do metropoly východného Slovenska priletel Svätý Otec spolu so svojím sprievodom z Bratislavy v nedeľu 2. júla 1995, ráno o deviatej. V Košiciach bola na programe svätá omša celebrovaná na letisku a v jej rámci svätorečenie košických mučeníkov.

Niektorí hodnotili pápežovu návštevu v Košiciach ako vrchol jeho pastoračnej cesty na Slovensku. Ťažko povedať, lebo iní pokladajú za vrchol pápežovej návštevy stretnutie Svätého Otca s mládežou v Nitre, iní zas príchod Jána Pavla II. do Šaštína a ďalší púť v Levoči.

Kým možno v iných mestách obyvatelia opúšťali svoje príbytky a odchádzali von do prírody alebo k vode, na východnom Slovensku sa v tropických horúčavách hrnuli ľudia 2. júla zo všetkých strán, aj zo susedných krajín, smerom do Košíc na stretnutie so vzácnym hosťom, pápežom Jánom Pavlom II.

Prichádzali autami, autobusmi, vlakmi, na bicykloch, motorkách, ale i peši. Popri domácich Slovákoch prišlo do Košíc asi dvetisíc bratov Chorvátov, hlavne z Križevca, rodiska nového svätca Marka Križina-Križevčana. Zo zahraničia prišlo aj mnoho cirkevných hodnostárov. Bola ich takmer celá stovka. Viac biskupov sa spolu stretne už iba v Ríme, keď Svätý Otec zvolá synodu.

Ďalej prišli v hojnom počte veriaci zo susedných troch krajín: z Poľska ich bolo najviac, asi 10 000, niekoľko tisíc z Ukrajiny

Hlavu katolíckej Cirkvi na košickom letisku privítal arcibiskup-metropolita Mons. Alojz Tkáč a primátor Košíc Rudolf Schuster

a 5 000 z Maďarska, čo je pochopiteľné, veď Melichar Grodecký pochádzal zo Sliezska a Štefan Pongrác zo Sedmohradska.

Vstup do sektorov pre veriacich na letisku v Košiciach bol povolený už od druhej rannej hodiny. Už od tejto hodiny sa do vymedzených priestorov začali schádzať veriaci. Duchovný program pre pútnikov, účastníkov svätorečenia, začal sa ráno o piatej.

Ponajprv vystúpil mládežnícky spevácky zbor z Bardejova, potom nasledovalo pásmo slova a hudby, ktoré pripravili mladí z Košíc, po nich sa hlásili s programom ďalšie skupiny. Podľa predbežných odhadov sa na košickom letisku zhromaždilo niečo okolo štyristotisíc veriacich, ktorí chceli túto historickú udalosť spojenú s kanonizáciou zažiť osobne, v bezprostrednej blízkosti pápeža. Veď stáročia sa slávnosti blahorečenia ako i svätorečenia konali iba vo Vatikáne, vo Svätopeterskej bazilike či na námestí pred ňou.

Terajší Svätý Otec Ján Pavol II. urobil tak už viackrát práve na svojich pastoračných cestách v rozličných kútoch sveta. Aj nedávno, v máji tohto roku, svätorečil v Olomouci Jána Sarkandra a Zdislavu z Lemberku a tak obohatil bratský český národ dvoma novými svätými. Na svete nie je veľa takých miest, ktoré sa môžu pochváliť, že sa v nich udialo svätorečenie.

Preto svätorečenie troch našich mučeníkov v Košiciach, kde kandidáti kanonizácie trpeli a kde obetou vlastného života spečatili svoju lásku k Bohu a vernosť Kristovej Cirkvi, treba pokladať za výnimočnú nábožensko-historickú udalosť. Naša Cirkev a náš národ boli tak obohatené o troch nových svätcov, ktorí od nedele 2. júla 1995 sú zapísaní do Martyrológia – zoznamu mučeníkov všeobecnej Cirkvi.

Treba zdôrazniť, že košický arcibiskup Mons. Alojz Tkáč pred návštevou Svätého Otca napísal svojim veriacim pri príležitosti svätorečenia pastiersky list, v ktorom sa osobitne a otcovsky obracia najmä na rodičov a mládež, aby sa zamysleli nad vlastným životom, nad stavom svojej viery. V ňom naliehavo prosí o prehĺbenie života viery v rodinách, ich detí, aby sa náboženská výchova detí nekončila prvým svätým prijímaním, prípadne birmovkou. Bol by to veľký nedostatok rodičovskej starostlivosti o náboženský rast ich detí. Napokon i mládež treba chrániť pred rôznymi sektami, satanizmom, ktoré ich nikdy nemôžu urobiť šťastnými. Jedine viera v Boha a najdôvernejšie stretnutie s Ježišom Kristom, ktoré môžu prežiť len v katolíckej Cirkvi pri slávení Eucharistie.

Také otvorené slovo biskupa prišlo vo vhodnom okamihu a určite prinieslo svoje ovocie v duchovnej príprave na historickú a vzácnu návštevu pápeža Jána Pavla II.

Okolo 9.00 hodiny po prílete špeciálneho lietadla Ministerstva vnútra SR privítali pri schodíkoch najvzácnejšieho hosťa pápeža Jána Pavla II. s jeho sprievodom arcibiskup-metropolita Košickej arcidiecézy Mons. Alojz Tkáč a primátor mesta pán Ing. Rudolf Schuster.

Po krátkom privítaní na letisku nastúpil Ján Pavol II. do papamobilu spolu s otcom arcibiskupom Alojzom Tkáčom a osobným sekretárom Svätého Otca Mons. Stanislavom Dziviszom. Nadšené zástupy počas cesty cez jednotlivé sektory k oltáru pozdravovali vzácneho hosťa z Vatikánu mohutným potleskom a skandovaním: „Nech žije Svätý Otec.“

Krátko pred 10. hodinou Kristov námestník vyšiel výťahom na pódium oltárnej tribúny, označenej pápežským erbom a biskupským heslom Totus Tuus (Celý tvoj). Tribúna bola vyzdobená kvetinami vo vatikánskych bielo-žltých farbách. Na začiatku svätej omše otec arcibiskup-metropolita Alojz Tkáč privítal Svätého Otca týmito slovami:

Mons. Alojz Tkáč, arcibiskup-metropolita Košickej arcidiecézy, pozdravuje Svätého Otca

Svätý Otče!

Vy, Kristov námestník, tu v Košiciach ste zosobnením Božej lásky, dôkazom pastierskej starostlivosti samého Pána. Prišli ste medzi nás, aby ste povzbudili svojich bratov i sestry vo viere. Celé Slovensko sa raduje z vašej návštevy. Naša košická cirkev má o dva dôvody viac.

Je to predovšetkým svätorečenie. Týmto posvätným obradom vo svätej omši prežijeme plnosť Cirkvi – je tu Kristus, je tu jeho námestník, biskupi, kňazi, Boží ľud a silné spoločenstvo s oslávenou Cirkvou, najmä v orodovaní troch košických mučeníkov.

Pred niekoľkými mesiacmi zriadili ste novú cirkevnú provinciu, jej sídlom sa stali práve Košice. Pri obrade odovzdania arci-biskupského odznaku – pália – mne, košickému arcibiskupovi, s vďačnosťou a radosťou prijímame toto vaše pastierske rozhodnutie. Svätý Otče, do príprav tejto slávnosti sa príkladne zapojili nielen katolíci, ale celé mesto.

Sú tu prítomní i bratia ekumenických cirkví a spoločenstiev, predstavitelia mesta, kultúrneho, verejného a politického života, členovia vlády na čele s jej premiérom, predstavitelia a zástupcovia iných národov, pán prezident.

Všetci čakáme na vaše modlitby, liturgiu, na vaše slová i požehnanie.

Svätý Otec na privítanie otcom arcibiskupom odpovedal týmito slovami:

Drahí bratia a sestry, mám úprimnú radosť, že môžem s vami sláviť obetu svätej omše, pri ktorej vyhlásim za svätých kňazov Marka Križina, Melichara Grodeckého a Štefana Pongráca, košických mučeníkov. Som vďačný dobrotivému Pánu Bohu, že tak môžem urobiť neďaleko miesta, kde títo hrdinskí kňazi svojou krvou potvrdili vernosť katolíckej Cirkvi. Ich svedectvo nás vyzýva veľkodušne odpovedať na milosť krstu a s láskou a dôverou prinášať svetlo evanjelia dnešnému svetu. Aby sme sa pripravili na dôstojné slávenie najsvätejšej obety, ktorá posilňovala mučeníkov, spytujme si svedomie a oľutujme svoje hriechy.

Potom štátny sekretár kardinál Angelo Sodano predniesol po slovensky žiadosť o svätorečenie.

Svätý Otče, svätá matka Cirkev žiada, aby Vaša Svätosť zapísala do zoznamu svätých blahoslaveného Marka Križina, blahoslaveného Melichara Grodeckého a blahoslaveného Štefana Pongráca a aby ich všetci kresťania vzývali ako svätých.

Po prednesení žiadosti o svätorečenie troch košických mučeníkov kardinálom Sodanom otec arcibiskup Alojz Tkáč predstavil nových svätých krátkym životopisom.

Slovenská cirkev má vo veľkej úcte troch košických mučeníkov Marka Križina, Melichara Grodeckého a Štefana Pongráca. Hoci nik z nich nebol rodom Slovák, všetci traja ku koncu svojho života pôsobili na Slovensku a tu aj vydali hrdinské svedectvo viery mučeníckou smrťou. Bolo to v období veľkých politických a náboženských búrok na začiatku 17. storočia.

Marek Križin: Narodil sa roku 1589 v mestečku Križevac v Chorvátsku. Od roku 1600 študoval v jezuitskom kolégiu vo Viedni a neskôr v Štajerskom Hradci. Odtiaľ prešiel do Ríma, kde bol vysvätený za kňaza. Po návrate do Uhorska istý čas vyučoval na trnavskej kapitulskej škole. Neskôr bol kanonikom ostrihomskej kapituly a napokon správcom opátstva v Krásnej nad Hornádom pri Košiciach.

Melichar Grodecký: Pochádzal zo sliezskeho Tešína, kde sa narodil v roku 1584. Podobne ako Marek Križin aj on študoval v jezuitskom kolégiu vo Viedni. Ako 19-ročný vstúpil do jezuitského noviciátu v Brne. Po jeho skončení študoval a medzitým aj vyučoval na viacerých miestach. V Prahe bol roku 1614 vysvätený za kňaza. V decembri roku 1618 ho predstavení poslali ako kaplána cisárskych vojakov do Košíc.

Štefan Pongrác: Narodil sa roku 1583 v Sedmohradsku. Po skončení stredoškolských štúdií sa rozhodol vstúpiť do jezuitskej rehole. Štúdiá konal v Prahe, Štajerskom Hradci a roku 1615 bol vysvätený za kňaza. Pôsobil v Humennom, kde bol kazateľom a prefektom štúdií v jezuitskom kolégiu. Od roku 1618 účinkoval v Košiciach a na okolí.

Utrpenie troch kňazov sa začalo 3. septembra 1619, keď Bethlenovo vojsko pod vedením Juraja Rákocziho obsadilo Košice. Situáciu vo väzení im sťažoval citeľný hlad a smäd a žiadali od nich, aby sa zriekli katolíckej viery. Kňazi to však rozhodne odmietli. Vojaci s nimi surovo zaobchádzali a tvrdo ich mučili. Jeden druhému sa vyspovedali a hlasito sa modlili. Nakoniec všetky tri nehybné skrvavené telá hodili do odpadovej žumpy. Po viacnásobnom prešetrení života a smrti ich pápež Pius X. 15. januára 1905 vyhlásil za blahoslavených.

Potom sa ujal slova opäť Svätý Otec.

Skôr ako pristúpime k obradu kanonizácie, nech skrze Ježiša Krista vystúpia k Bohu, všemohúcemu Otcovi, naše modlitby a nech sa za nás prihovárajú aj všetci svätí.

Zbor na Božiu oslavu zaspieval litánie ku všetkým svätým. Záverečnú modlitbu predniesol Ján Pavol II.:

Bože, láskavo prijmi prosby svojho ľudu a osvecuj našu myseľ svetlom svojho Ducha, aby ti bola milá naša služba a prispela k rastu tvojej Cirkvi.
Skrze Krista, nášho Pána. Amen.

Teraz už nasledoval slávnostný historický okamih, vyslovenie kanonizačnej formuly:

Traja košickí mučeníci. Obraz akademického maliara Gejzu Barcziho

Ku cti najsvätejšej a nerozdielnej Trojice, na povznesenie katolíckej viery a vzrast kresťanského života mocou nášho Pána Ježiša Krista, svätých apoštolov Petra a Pavla a nás po predchádzajúcom dlhom uvažovaní a častom vzývaní Božej pomoci, po vypočutí mienky mnohých našich bratov týmto rozhodnutím vyhlasujeme blahoslavených Marka Križina, Melichara Grodeckého a Štefana Pongráca za svätých a zapisujeme ich do zoznamu svätých. Ustanovujeme, aby boli spolu s ostatnými svätými nábožne uctievaní v celej Cirkvi. V mene Otca i Syna i Ducha Svätého. Amen.

Týmito slovami Svätý Otec Ján Pavol II. vyhlásil Marka Križina, Melichara Grodeckého a Štefana Pongráca za svätých. Takto sa dostali do zoznamu svätých a začala sa ich verejná úcta v Cirkvi. Počas svätorečenia ležali v relikviároch časti ostatkov troch košických mučeníkov na oltári. Priniesli ich z kostola uršulínok v Trnave.

Kardinál Angelo Sodano v mene celej Cirkvi poďakoval Svätému Otcovi za svätorečenie:

Svätý Otče, v mene svätej Cirkvi ďakujem Vašej Svätosti za účinné vyhlásenie a pokorne žiadam Vašu Svätosť, aby ste prikázali vystaviť apoštolský list o vykonanom svätorečení.

Svätý Otec tak s radosťou urobil a povedal:

Tak prikazujeme.

Potom pokračovala svätá omša homíliou Svätého Otca.

Slávnostné prinesenie relikvií košických mučeníkov k oltáru

Ján Pavol II. číta kanonizačnú formulu

Košickí mučeníci, odvážni svedkovia evanjelia, odolali lákaniam a mukám a radšej podstúpili smrť, ako by mali zaprieť vieru a vernosť Kristovi a Cirkvi

Homília Jána Pavla II. v Košiciach

„Te Deum laudamus, Te Dominum confitemur. Te aeternum Patrem omnis terra veneratur...“

Drahí bratia a sestry, túžim spievať toto Te Deum spolu s vami na slovenskej pôde tu v Košiciach. Veď k tomuto mestu a k tejto cirkvi sa už niekoľko storočí viaže úcta ku košickým mučeníkom. Tak sa vraciame k hymnu Te Deum laudamus, v ktorom vyznávame: „Teba oslavuje slávny zbor apoštolov, teba velebí veľký počet prorokov; teba chváli vznešený zástup mučeníkov.“

Liturgická spomienka na mučeníkov sa zvyčajne spája s červenou farbou. Ambroziánsky hymnus však hovorí o „bielom - candidatus - bielom zástupe mučeníkov“. To má svoj pôvod v knihe Zjavenia, kde apoštol Ján tvrdí, že mučeníci „oprali si rúcha a zbielili ich v Baránkovej krvi“ (Zjv 7, 14). Ide o jedinečný odblesk tajomstva vykúpenia, na ktorom má Cirkev účasť prostredníctvom všetkých svätých, ktorí chvália Božie meno.

Keď mám dnes radosť z toho, že môžem tu v Košiciach na Slovensku sláviť liturgiu svätorečenia vašich mučeníkov, chcem spomenúť všetkých svätých, ktorých vaša milovaná krajina poznala za dvanásť storočí svojich kresťanských dejín. Prví v tomto veľkom zástupe sú apoštoli Slovanov svätí Cyril a Metod, ktorí plnili svoje evanjelizačné poslanie predovšetkým na Veľkej Morave a tým dali vznik kresťanstvu tak na Slovensku, ako aj v Čechách. Presvedčivo to potvrdzuje založenie najstaršieho biskupského sídla v Nitre, na ktoré sa viaže spomienka na svätého biskupa Bystríka. Solúnski bratia mali mnoho žiakov, medzi ktorými bol aj svätý Gorazd, syn slovenskej krajiny.

Koniec desiateho storočia je ožiarený pustovníckym životom svätých Andreja-Svorada a Benedikta. Oni pôsobili aj na území južného Poľska, najmä v dnešnej Tarnovskej diecéze. Napokon sa usadili v údolí Váhu na Skalke pri Trenčíne. Ich relikvie sú uložené v Nitre.

Treba tiež pripomenúť, že svätý Vojtech a svätý Ján Nepomucký, hoci sa priamo viažu na českú krajinu, sú veľmi známi aj na Slovensku. To isté možno povedať aj o svätej Zdislave a svätom Jánovi Sarkandrovi, ktorých som nedávno s radosťou kanonizoval v Olomouci na Morave. A isto sú vám drahí aj svätí z blízkeho Maďarska, najmä svätý Štefan a svätá Alžbeta Uhorská.

V širšej perspektíve, ktorú pred nami otvára spoločenstvo svätých, chceme sa dnes zastaviť a osobitne uvažovať o troch košických mučeníkoch. Oni v zložitých okolnostiach na začiatku 17. storočia položili spolu s mnohými inými obeťami vražedného násilia svoj život za Krista a za evanjelium.

Na prvom mieste sa tu stretáme s ostrihomským kanonikom Markom Križinom. Prišiel na Slovensko z rodného Chorvátska, aby ponúkol svoju veľkodušnú pastoračnú službu cirkvi, ktorá sa nachádzala v ťažkostiach pre nedostatok kňazov. Marek Križin podľa príkladu Dobrého pastiera neopustil svoje stádo, keď mu hrozilo nebezpečenstvo, ako by to urobil nájomník (porov. Jn 10, 11–15), ale zostal v službe Božieho ľudu a vydal žiarivý príklad vernosti Kristovi a svojmu poslaniu.

Dnes aj naďalej bdie z neba nad vami a vyzýva každého z vás na odvážne evanjeliové svedectvo a na veľkodušnú službu Cirkvi.

Nie menšie hrdinstvo preukázal jezuitský kňaz maďarskej národnosti Štefan Pongrác. Obetovaním života spečatil svoje rozhodnutie úplne sa zasvätiť službe Bohu a bratom. Štefan prišiel z blízkej Transylvánie, zriekol sa výhodnej svetskej kariéry a prišiel ohlasovať evanjelium na východné Slovensko. Tu v Košiciach s odvahou plnil ťažkú apoštolskú úlohu, ktorou ho poverili. A Pán odmenil jeho ochotu a obetavého ducha víťaznou palmou mučeníctva. Dnes ho zapisujeme do Martyrológia Cirkvi, ktorá je na Slovensku.

Aj Melichar Grodecký bol jezuita a bol poľskej národnosti. Pochádzal zo Sliezska. Sem prišiel po rokoch kňazskej služby v Prahe, kde pôsobil ako vychovávateľ mládeže. Keď vypukla Tridsaťročná vojna, musel spolu s inými jezuitmi opustiť Prahu, prešiel Moravou a Slovenskom a napokon sa usadil v Košiciach. Tu potom spečatil krvou svoje úplné zasvätenie Kristovi a službe bratom.

Dnes si s vďačným obdivom pripomíname týchto troch odvážnych svedkov evanjelia. Oni aj v čase skúšky odolali lákaniam i mukám a radšej podstúpili smrť, ako by mali zaprieť vieru a vernosť Kristovi a Cirkvi. Toto ich vrcholné svedectvo svieti pred nami ako žiarivý príklad evanjeliovej dôslednosti, ktorý treba mať pred očami v ťažkých a riskantných chvíľach voľby, ktoré nechýbajú ani dnes.

Drahí bratia a sestry, dnešná liturgia nás vyzýva zamyslieť sa nad tragickými udalosťami zo začiatku 17. storočia. Na jednej strane upozorňuje na nezmyselnosť násilia, ktoré sa rozpútalo proti nevinným obetiam. Na druhej strane poukazuje na vynikajúci príklad toľkých Kristových učeníkov, ktorí vedeli podstúpiť akékoľvek utrpenie, len aby nekonali proti svojmu svedomiu. Veď okrem troch košických mučeníkov mnohé iné osoby, a to aj z iných kresťanských vierovyznaní, museli podstúpiť mučenie a znášať ťažké tresty. Niektorých z nich aj zabili.

Ako neuznať napríklad duchovnú veľkosť dvadsiatich štyroch evanjelických veriacich, ktorých usmrtili v Prešove? Im a všetkým, ktorí znášali utrpenie a smrť pre vernosť svojmu presvedčeniu a svedomiu, Cirkev vzdáva chválu a vyjadruje svoj obdiv.

V tomto duchu pevného cirkevného spoločenstva pozdravujem všetkých vás, drahí bratia a sestry, všetkých vás. Osobitne pozdravujem kardinálov Jána Chryzostoma Korca a Jozefa Tomku, ako aj všetkých kardinálov-hostí. Pozdravujem arcibiskupa Alojza Tkáča, pastiera tejto arcidiecézy, s jeho pomocným biskupom Bernardom Boberom. Pozdravujem tiež všetkých prítomných arcibiskupov a biskupov. Z hĺbky srdca pozdravujem kňazov, rehoľníkov a rehoľníčky, cirkevné ustanovizne a náboženské hnutia a všetok Boží ľud. [Úctivo pozdravujem pána prezidenta Slovenskej republiky Michala Kováča a pána predsedu vlády Vladimíra Mečiara a zo srdca im ďakujem za účasť na tejto slávnosti.] Môj úctivý pozdrav patrí ostatným občianskym, politickým a vojenským predstaviteľom, ako aj členom úradných delegácií z Chorvátska, Poľska a Maďarska, ktorým ďakujem za prítomnosť na tomto slávnostnom úkone.

Cítim osobitnú duchovnú účasť chorých, ktorí sa združujú vo veľkej a zaslúžilej Rodine Nepoškvrnenej, a všetkých trpiacich, ktorí sú v tejto chvíli spojení s nami prostredníctvom rozhlasu a televízie. Všetkým ďakujem za modlitbu, ktorú spolu s obetovaním svojho utrpenia vznášajú k Bohu. Služba pápeža, biskupov a kňazov vďačí za veľa tejto naozaj vzácnej duchovnej spolupráci.

Zdá sa nám, akoby sme dnes z úst svätých mučeníkov počuli slová, ktorými sa nám prihovorila liturgia. So svätým Pavlom hovoria: „Kto nás odlúči od Kristovej lásky? Azda súženie, úzkosť alebo prenasledovanie, hlad alebo nahota, nebezpečenstvo alebo meč?... V tomto všetkom slávne víťazíme skrze toho, ktorý nás miluje.

„A som si istý" píše Apoštol, „že ani smrť ani život, ani prítomnosť ani budúcnosť, ani nijaké iné stvorenie nás nebude môcť odlúčiť od Božej lásky, ktorá je v Kristovi Ježišovi, našom Pánovi" (porov. Rim 8, 35–39). Mučeníctvo je najplnší a najradikálnejší prejav tejto lásky, a to podľa slov samého Ježiša: „Nik nemá väčšiu lásku ako ten, kto položí svoj život za svojich priateľov" (porov. Jn 15, 13).

S radosťou zapisujem troch košických mučeníkov do Martyrológia Cirkvi. Tento vznešený album nás v úzkom spoločenstve so svätými celých dejín spája s obdobím apoštolov. K starodávnym mučeníkom kresťanského Západu i Východu, k mučeníkom neskorších storočí, a najmä 17. storočia pridáva naša doba nový zástup skvelých Kristových svedkov, ktorí svojou smrťou ohlasujú vernosť zmluve lásky, ktorú Boh uzavrel s ľudstvom. Toto Martyrológium som mal na mysli aj vo svojom apoštolskom liste *Tertio millennio adveniente*, keď som napísal, aby ho po hrozných skúsenostiach nášho storočia doplnili menami mučeníkov, ktorí nám otvorili cestu do nového tisícročia kresťanstva (porov. č. 37). Mučeníctvo nás spája so všetkými veriacimi v Krista – tak na Východe, ako aj na Západe –, s ktorými ešte stále očakávame plné cirkevné spoločenstvo (porov. č. 34).

Chcem teda vyjadriť svoju radosť nad tým, že som mohol pridať tieto nové mená do Martyrológia Cirkvi, ktorá je na Slovensku, a dúfam, že to bude na povzbudenie pre všetky sesterské cirkvi, najmä pre tie, čo sú v strednej a východnej Európe. Traja noví svätci pochádzali z troch rozdielnych národností, ale vyznávali tú istú vieru a s jej pomocou dokázali spoločne podstúpiť smrť. Nech ich príklad oživuje dnes v ich krajanoch úsilie o vzájomné porozumenie a nech posilní zväzky priateľstva a spolupráce najmä medzi Slovákmi a maďarskou menšinou na Slovensku. Pluralistický a demokratický štát môže žiť a prosperovať iba na základe vzájomného rešpektovania práv a povinností väčšiny a menšín.

„Salvum fac populum Tuum Domine et benedic haereditati tuae" „Zachráň, Pane, svoj ľud a žehnaj svojich dedičov."

Ambroziánsky hymnus nadobúda po ohlásení najväčších tajomstiev viery tón veľkej prosebnej modlitby. Boh, ktorý je Otec milosrdenstva a Boh všetkej útechy" (2 Kor 1, 3), Kristus, ktorý je Vykupiteľ sveta, a Duch Svätý, ktorý je Tešiteľ, nech vyslyšia túto prosbu, ktorú dnes prednášame v srdci slovenskej krajiny.

„Zachráň, Pane, svoj ľud." Tento ľud, Kriste, je tvojím dedičstvom v dejinách bohatých na mnohé slávne udalosti. Tento ľud žije z viery vo vykúpenie skrze kríž a zmŕtvychvstanie. Tento milovaný ľud v krásnej vlasti pod Tatrami je na pochode k spoločnému cieľu všetkých veriacich - do večnej vlasti.

„Rege eos et extolle illos usque in aeternum" – „Spravuj ich a vyvýš ich až naveky." Tento ľud ti chce dobrorečiť každý deň, Bože nekonečnej velebnosti:

„in singulos dies benedicimus Te et laudamus nomen Tuum in saeculum et in saeculum saeculi" – „po všetky dni dobrorečíme tebe a chválime tvoje meno naveky." Takto ti dnes Slovensko mojím hlasom ďakuje za všetkých svätých, ktorí vtlačili svetlé stopy do cesty dejín spásy v tejto krajine.

Velebí ťa za svätých Marka Križina, Štefana Pongráca a Melichara Grodeckého. Chváli ťa za biskupa Jána Vojtaššáka zo Spiša a za prešovského biskupa Pavla Gojdiča. Oslavuje ťa aj za všetkých iných synov a dcéry z rôznych kresťanských vierovyznaní tejto krajiny, ktorí vydali hrdinské svedectvo o Kristovi až po najvyššiu obetu života.

„Benedicamus Patrem et Filium et Sanctum Spiritum, laudemus et exaltemus eum in saecula" – Dobrorečme Otcovi i Synovi so Svätým Duchom, chváľme ho a vyvyšujme ho naveky." Amen.

Homília Jána Pavla II. v Košiciach našla široký ohlas i vo svetovej tlači, lebo v nej pápež odsúdil nezmyselné náboženské nevraživosti a vojny v minulosti, ktoré viedli k vraždeniu aj evanjelických kresťanov v Prešove.

Nebolo to po prvýkrát, čo rímsky biskup vyzval nielen veriacich všetkých cirkví, ale všetkých ľudí dobrej vôle k mierovému a k harmonickému spolunažívaniu v duchu evanjelia.

Po kázni a po dialógovom vyznaní viery nasledoval obrad odovzdania pália. Arcibiskup Alojz Tkáč najprv predniesol prísahu:

Ja, Alojz Tkáč, košický arcibiskup, budem vždy verný a poslušný svätému Petrovi apoštolovi, svätej a apoštolskej rímskej Cirkvi i vám, Svätý Otče, ako aj vašim právoplatným nástupcom. Nech mi v tom všemohúci Boh pomáha.

Svätý Otec ju prijal týmito slovami:

Na slávu všemohúceho Boha, ku chvále najsvätejšej Panny Márie, svätých apoštolov Petra a Pavla ako vyznamenanie stolice, ktorá ti bola zverená ako znamenie právomoci metropolitu, udeľujem ti pálium vzaté z oltára vyznania svätého Petra, aby si ho používal na území svojej provincie.

Nech toto pálium symbolizuje jednotu a spoločenstvo s Apoštolskou stolicou, nech je putom tvojej lásky a podnecuje tvoju statočnosť, aby si mohol v deň slávneho príchodu veľkého Boha a kniežaťa pastierov Ježiša Krista dosiahnuť s tebe zvereným stádom rúcho nesmrteľnosti a slávy. V mene Otca i Syna i Ducha Svätého. Amen.

Svätý Otec odovzdáva arcibiskupovi-metropolitovi Alojzovi Tkáčovi pálium

Pálium je kus bieleho vlneného pásu alebo aj úzka biela stuha v tvare kruhu, z ktorej sa vinú dve ďalšie stuhy, utkané z ovčej vlny, aby veľkňaz pamätal na príklad Dobrého Pastiera. Symbolizuje vernosť rímskemu biskupovi.

Novú Košickú arcidiecézu ustanovil Ján Pavol II. 31. marca 1995 a patria do nej Spišská a Rožňavská diecéza.

Pokiaľ je Svätý Otec doma vo Vatikáne, každú nedeľu a sviatok sa z okna svojej pracovne s výhľadom na Námestie svätého Petra, spolu s prítomnými pútnikmi, modlí mariánsku modlitbu Anjel Pána.

Robí tak samozrejme, aj na svojich apoštolských cestách. A teda táto modlitba nechýbala ani v Košiciach. Ján Pavol II. ju uviedol krátkou meditáciou.

Kňazi, ktorí sa zúčastnili slávnosti svätorečenia v Košiciach

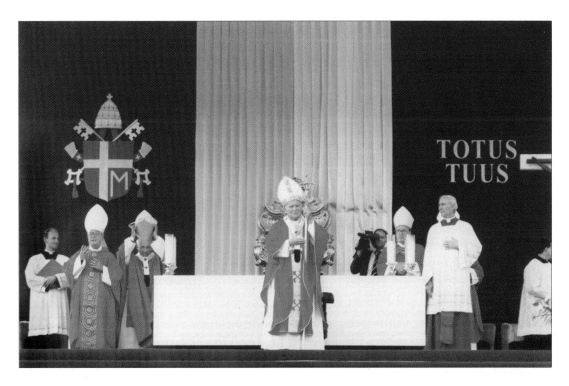

Hore: Za oltárom bol umiestnený a dobre viditeľný pápežský znak i heslo Totus Tuus
Dole: Svätý Otec po skončení svätej omše pozdravuje prítomných veriacich

Mučeníci povzbudzujú dnešných veriacich, aby neustúpili pred ťažkosťami

Príhovor Svätého Otca pred modlitbou Anjel Pána

Drahí bratia a sestry!

Po liturgickej slávnosti kanonizácie svätých košických mučeníkov sa chceme poďakovať Pánovi za „veľké veci" (porov. Lk 1, 49), ktoré im urobil, keď v slabých a krehkých ľuďoch zjavil víťaznú silu svojej milosti.

V nich sa uskutočnili tieto Kristove slová: „Keď príde Tešiteľ, ktorého vám ja pošlem od Otca, on o mne vydá svedectvo. Ale aj vy vydávate svedectvo, lebo ste so mnou od začiatku" (Jn 15, 26–27).

Apoštoli vydali toto svedectvo o Ježišovi slovom, príkladom a krvou. Po nich v priebehu storočí mnohí ľudia naplnili tieto Ježišove slová až po najväčšiu obetu života. Do tohto vznešeného zástupu patria svätí košickí mučeníci.

V týchto chvíľach radosti v spojení s celou Cirkvou pozdravujem vás všetkých, drahí bratia a sestry na Slovensku, ktorí sa dnes radujete, že ste dostali ako dar týchto troch nových svätých. Spolu s vami pozdravujem aj všetkých, čo prišli sem do Košíc zo susedných krajín, najmä z tých, z ktorých pochádzajú traja mučeníci, aby si ich uctili ako odvážnych svedkov.

Potom Ján Pavol II. pozdravil pútnikov z Maďarska, Chorvátska, Rumunska a Poľska v ich rodných jazykoch. Po taliansky dodal:

Srdečne pozdravujem početných kardinálov, arcibiskupov a biskupov pochádzajúcich z rozličných krajín, ktorí sa zúčastnili na tejto slávnostnej koncelebrácii. S osobitnou pozornosťou pozdravujem generálneho predstaveného Spoločnosti Ježišovej a všetkých prítomných jezuitov. S osobitnou láskavosťou sa v myšlienkach obraciam aj na mnohých bývalých študentov kolégia Germanicum-Ungaricum.

K zástupu jasných postáv svätých zo Spoločnosti Ježišovej, založenej svätým Ignácom, boli dnes pričlenení dvaja noví mučeníci, ktorí vydali svedectvo o Kristovi v tomto meste Košice.

Svätého Otca v Košiciach pozdravili aj generálny predstavený jezuitov Peter Hans Kolvenbach (hore) a otec biskup Pavol Hnilica SJ (dole)

Meditáciu zakončil po slovensky:

Príklad mučeníkov, ktorí dnes boli vyhlásení za svätých, nás vyzýva aj k úprimnej úcte k Božej Matke. Oni vynikali vrúcnou láskou k Panne Márii. Panna Mária, ktorá bola pod krížom tichou svedkyňou vykupiteľskej smrti Pána Ježiša a duchovne sa zúčastnila na jeho utrpení, nech sa prihovára za nás všetkých a nech nás urobí odvážnymi apoštolmi evanjelia a ohlasovateľmi pravdy v každej situácii.

Sedembolestná Panna Mária, Patrónka Slovenska, nech je svojou materinskou ochranou pri každom z vás, ako bola pri svätom Markovi, Štefanovi a Melicharovi vo chvíli najťažšej skúšky.

Kráľovná apoštolov a mučeníkov, oroduj za nás.

Angelus Domini...

Jána Pavla II. pozdravil aj záhrebský arcibiskup kardinál Franjo Kuharič, veľký priateľ Slovákov

Po modlitbe Anjel Pána Ján Pavol II. požehnal tridsaťsedem základných kameňov nových kostolov z územia celého Slovenska a sedem zvonov. O túto posviacku poprosil arcibiskup-metropolita Alojz Tkáč Svätého Otca týmito slovami:

Svätý Otče, každá diecéza je duchovnou Božou stavbou – a ona potrebuje aj svoje chrámy – kostoly. Pred piatimi rokmi vo Vajnoroch ste požehnali niekoľko desiatok základných kameňov. Za toto päťročné obdobie veriaci Košickej arcidiecézy postavili vyše osemdesiat kostolov, mnoho stavieb je rozostavaných. Teraz priniesli ďalšie základné kamene, je ich asi tridsať pre nové kostoly, ktoré chcú postaviť; a priniesli aj nové zvony. Svätý Otče, svojou modlitbou vyprosujte požehnanie tak na prácu pri stavbe plánovaných kostolov, ako aj na zveľadenie našej arcidiecézy ako duchovného chrámu.

Svätý Otec potom kamene a zvony požehnal touto modlitbou:

Pane, svätý Otče, tvoj Syn narodený z Panny Márie je podľa proroka kameňom, ktorý sa bez ľudského pričinenia spustil z vrchu a podľa Apoštola je nemeniteľným základom.

Požehnaj tieto základné kamene, ktoré položíme v jeho mene, a daj, aby on, ustanovený za počiatok a cieľ všetkého, bol pri počiatku, rozvoji a dovŕšení stavebného diela. Lebo on žije a kraľuje na veky vekov. Amen.

Pohľad na základné kamene nových kostolov

Nasledovalo už iba slávnostné požehnanie a pápežská hymna V sedmobrežnom kruhu Ríma. Ján Pavol II. ešte naposledy zamával a požehnal všetkých, a tak sa rozlúčil s týmto jedinečným slávnostným zhromaždením a odišiel papamobilom spolu s otcom arcibiskupom do vynoveného historického centra Košíc, aby poobedoval v Kňazskom seminári sv. Karola Boromejského.

Je verejným tajomstvom, že Ján Pavol II. je v jedle nenáročný. No jednako pozvali do Košíc najlepšie kuchárky-sestričky z Kongregácie božského Vykupiteľa.

Pri obede pomáhali obsluhovať vzácnych hostí bohoslovci zo Spišského seminára Jána Vojtaššáka. Po obede si Svätý Otec krátko odpočinul. Pred odchodom Svätého Otca prišlo pozdraviť trinásť sestier – bosých karmelitánok, ktoré iba nedávno otvorili v Košiciach svoj kláštor. Potom už Svätý Otec so svojím sprievodom krátko po 15. hodine odcestoval do Prešova.

Nezabudnuteľné a skutočne dojímavé bolo nadšené pozdravovanie Kristovho námestníka veriacimi po celej trase. V Košiciach, pri dobrom počasí, mohlo sa to zdať samozrejmé. Z centra mesta, odkiaľ vyrazila kolóna so Svätým Otcom, až po severnú perifériu boli ulice plné nadšených obyvateľov, ktorí radostne mávali a mocne skandovali: Nech žije Svätý Otec!

Tak sa Košice dôstojne rozlúčili so svojím prevzácnym hosťom.

No i pozdĺž celej diaľnice z Košíc do Prešova, všade boli ľudia z blízkych dedín, ktorí prišli zamávať na pozdrav Svätému Otcovi. V Prešove naňho už netrpezlivo čakali gréckokatolícki veriaci.

V Košiciach sídli aj Ústavný súd SR. Svätého Otca prišiel pozdraviť jeho predseda Milan Čič

*Do seminára prišli pozdraviť Svätého Otca aj rehoľné sestry. Hore: bosé karmelitánky, ktoré
v Košiciach nedávno otvorili svoj prvý kláštor na Slovensku. Dole: sestry Božského Vykupiteľa*

Ponúkané milosti

Rok 1995 je pre Slovensko mimoriadne bohatý na Božie dary a milosti. Je to šťastná zhoda udalostí, ktoré sa v tejto podobe už nezopakujú – azda v inej podobe áno, ale čakať na ňu bude naša miestna cirkev a náš národ storočia, ba tisícročia.

Je samozrejmé, že milosti z nich prúdiace nám Pán Boh bude ponúkať. Odmietať, nevšímať si ich by znamenalo prechádzať popri bohatej studni živej vody. Bola by to trestuhodná nevšímavosť.

Čo nám ponúkla Božia prozreteľnosť?

– Pápeža, ktorý nášmu národu je veľmi priaznivo naklonený. On nám rozumie, on nám dôveruje, on nás zvlášť v srdci nosí, vníma naše „geoposlanie" prinajmenej v strednej Európe. On našej malej krajine daroval celé štyri dni.

– Nášho kardinála Jozefa Tomku, prefekta Kongregácie pre evanjelizáciu národov, blízkeho spolupracovníka Svätého Otca.

I keď je dlhé desaťročia mimo svojej vlasti, mimo Slovenska, predsa ju úprimne miluje a dobre žičí miestnej cirkvi, národu, Slovensku. Nielen že je verný svojmu rodu, ale citlivo vníma ako jeho vlasť prijímajú vo svete, a cirkev na Slovensku vidí začlenenú do kontextu univerzálnej Cirkvi.

– Veľmi vhodnú chvíľu usporiadať a vhodne upraviť, do vyhovujúcich celkov rozdeliť dovtedajšiu jednu slovenskú cirkevnú provinciu. Tým sa odľahčí Trnave a prichádza k určitej rovnováhe. To sa stalo 31. marca tohto roku, keď Svätý Otec zriadil druhú slovenskú cirkevnú provinciu so sídlom v Košiciach.

– Svätorečenie troch košických mučeníkov – ojedinelú udalosť v 1100-ročných dejinách kresťanstva na Slovensku, umocnenú tou skutočnosťou, že svätorečenie sa uskutočnilo v Košiciach, v meste, kde Marek, Štefan a Melichar podstúpili mučenícku smrť.

Takpovediac „zastrešením" týchto vzácnych udalostí bola prítomnosť Svätého Otca Jána Pavla II. medzi nami na Slovensku. Je to krátky čas na hodnotenie. Čo môžeme však konštatovať, je fakt, že „veľké veci nám urobil Pán"... Nesmie sa stať, aby sme postupne zabúdali na návštevu a nevyužili, ba premárnili ponúkané milosti. Slová Svätého Otca treba študovať, meditovať o nich, nech sú pre nás inšpiráciou a programom pre blízku i vzdialenú budúcnosť v našej duchovnej obnove.

Mons. Alojz Tkáč
arcibiskup-metropolita

PREŠOV

2. júla 1995

Stretnutie s gréckokatolíkmi

Stretnutie so Svätým Otcom v metropole Šariša

Niekoľko minút pred 16. hodinou kolóna na čele s papamobilom dorazila do stredu Prešova. Znova ten istý obraz. Na chodníkoch ulíc množstvo ľudí, ktorí srdečne vítali vzácneho hosťa z Ríma, Svätého Otca Jána Pavla II. V Prešove hneď na začiatku pápežovej návštevy došlo k veľkému, skutočne historickému prekvapeniu. Ján Pavol II. podnikol niečo, čo nebolo v oficiálnom programe. Zastavil sa nakrátko aj pri pamätnej tabuli pripomínajúcej pamiatku zavraždených protestantov v Prešove roku 1687.

Svätý Otec navštívil najprv s otcom biskupom Jánom Hirkom gréckokatolícku katedrálu sv. Jána Krstiteľa, kde sú uložené telesné pozostatky biskupa Pavla Gojdiča, aby si v krátkej a sústredenej modlitbe uctil pamiatku tohto mučeníka.

Pavol Gojdič po desaťročnom väzení, naplnenom veľkým utrpením a príkoriami najrozličnejšieho druhu, ktoré znášal príkladne podľa vzoru svojho Božského Majstra, umrel v júli 1960 v komunistickom väzení v Leopoldove v chýre svätosti.

Potom sa Svätý Otec vydal v papamobile k budove evanjelického kolégia, na ktorom je pamätná tabuľa obetiam dvadsiatich štyroch evanjelických veriacich. Ján Pavol II. vystúpil s Mons. Hirkom z papamobilu a spoločne s biskupom východného dištriktu Evanjelic-

Po celej ceste z Košíc do Prešova ľudia pozdravovali Svätého Otca

112

Hneď po príchode do Prešova Ján Pavol II. zavítal do katedrály svätého Jána Krstiteľa, kde si uctil pamiatku biskupa Petra Pavla Gojdiča

Svätý Otec pri pamätníku dvadsiatich štyroch obetí zavraždených v Prešove v roku 1687

kej cirkvi augsburského vyznania Jánom Midriakom sa pomodlili modlitbu Pána, Otčenáš.

Toto pápežovo gesto evanjelický biskup Ján Midriak komentoval slovami:

„Poďakoval som sa Jánovi Pavlovi II. v mene evanjelickej cirkvi za to, že sa rozhodol pristaviť sa aj pri tomto pamätníku. Je to krok k zblíženiu a vyrovnaniu sa s krivdami 17. a ďalších storočí. O stretnutí sme sa dozvedeli až v poslednej chvíli, preto sme boli milo prekvapení.“ Evanjelický biskup Július Filo príchod Jána Pavla II. k pomníku dvadsiatich štyroch prešovských protestantov označil za malý zázrak.

Napokon krátko pred 17. hodinou Svätý Otec s biskupom Jánom Hirkom prišiel v papamobile pred mestskú športovú halu, kde ho za nadšených ovácií pozdravovalo vyše dvestotisíc veriacich gréckokatolíkov zo Slovenska, ale aj z cudziny: z Poľska, Maďarska, z Ukrajiny, Podkarpatskej Rusi, z Chorvátska a z Čiech. Množstvo čakajúcich veriacich nadšene skandovalo: „Radosť srdca prezrádza, Svätý Otec prichádza.“

Na tribúne privítal Jána Pavla II. diecézny biskup gréckokatolíckej cirkvi na Slovensku a v Čechách Mons. Ján Hirka.

Svätý Otče,

s pocitom veľkej radosti, ktorá napĺňa naše srdcia v tejto historickej chvíli, vítam vás medzi nami. Vítam vás v mene nás biskupov, v mene spolubratov v kňazskej službe, rehoľných komunít, bohoslovcov, našich veriacich i v mene bratov a sestier zo susedných diecéz. Prestúpili ste prah Prešova, sídla gréckokatolíckeho biskupstva, a prestúpili ste prah našej katedrály, kde odpočívajú telesné pozostatky našich drahých biskupov. A v tejto chvíli prestupujeme spolu s vami prah nádeje na sklonku tohto storočia pri príprave vstupu do tretieho tisícročia. Toto storočie je pre nás poznamenané veľkou skúškou, ktorá na nás bolestne doľahla, ale zvlášť na našich biskupov Petra Pavla Gojdiča a Dr. Vasila Hopku. Bola to skúška takmer dvadsaťročná, skúška našej viery, ale i našej nádeje.

V tejto skúške nám pomáhali naši biskupi z väzenia a utvrdzovali nás, že žiadna moc nemôže zničiť Kristovu Cirkev. Áno, naši biskupi už vtedy, a my s nimi sme prekročili prah nádeje, ktorá nás prevádzala v totálnej našej likvidácii zo strany ateistického režimu. Svätý Otče, zavítali ste medzi nás. Tu v Prešove odpočívajú naši biskupi Pavol Gojdič, ktorý zomrel v leopoldovskej väznici, a Dr. Vasil Hopko, ktorý zomrel v Prešove na následky dlhodobého väzenia. Podobne trpeli i naši kňazi, rehoľníci, rehoľnice a veriaci. Považujeme to za veľkú milosť.

My gréckokatolíci na Slovensku prežívame toto stretnutie s vami ináč. Veď boli časy, keď sme okrem Boha a vás nemali nikoho. Toto stretnutie s vami prežívame ako stretnutie zázračné, pretože v ňom pociťujeme hrejivý dotyk Božej lásky. Cítime to ako pohladenie láskavou rukou milovaného otca, po ktorom sme toľko rokov túžili. Na vás boli upreté naše pohľady v dobe pre nás najťažšej, keď sa proti nám spojili najnebezpečnejšie sily duchovnej a svetskej moci. Žiadali od nás nekompromisne, aby sme sa zriekli toho, čo pre nás a pre našich predkov bolo najposvätnejším, žiadali, aby sme sa zriekli uznania rímskeho biskupa, námestníka Kristovho. Bolo nám ponúkané všetko, ale len za cenu zrieknutia sa jednoty so Svätým Otcom a s našimi biskupmi vo väzení.

Naši biskupi si radšej zvolili väzenie a smrť ako zrieknutie sa jednoty so Skalou Petrovou. Bola to Božia milosť, ktorá nás udržala vo vernosti. Náš pastier biskup Gojdič sa už z väzenia medzi nás živý nevrátil. A predsa sa vrátil. Dnes sme medzi nami privítali

Diecézny biskup prešovskej eparchie Mons. Ján Hirka víta Svätého Otca

Pavla, Jána Pavla II., vás Svätý Otče, ako dobrotivého a starostlivého otca.

Ďakujem vám, Svätý Otče, že ste pre nás ešte za totality zriadili a ustanovili Baziliku minor na našom odpustovom mieste v Ľutine, kde naši veriaci s úcty k Matke Božej čerpali útechu a silu vydržať vo vernosti Vašej Svätosti a Skale Petrovej. Prosím vás o vaše apoštolské požehnanie pre nás všetkých, aby sme my a naši potomkovia zostali verní katolíckej Cirkvi, modlíme sa za vás a želáme si, aby vaša otcovská láska bola príťažlivou naďalej pre všetkých ľudí dobrej vôle, aby sa splnilo Kristovo prianie, aby všetci boli jedno, aby bol jeden ovčinec a jeden Pastier.

Túto prosbu zverujem Matke jednoty, ku ktorej sme sa stále utiekali v hymnickej modlitbe Nemáme inej pomoci, nemáme inej nádeje okrem teba, Bohorodička.

Ďalej otec biskup Hirka pozdravil prítomných cirkevných hodnostárov, reprezentantov iných cirkví a náboženských spoločenstiev, ako aj našich ústavných činiteľov a zástupcov mesta a okresu Prešov.

Mocný a dlhotrvajúci aplauz bol prejavom súhlasu s biskupovým srdečným privítacím pozdravom. Za nadšeného pozdravovania dvestotisícového zhromaždenia sa ujal slova Svätý Otec.

Som nesmierne rád, že môžem splniť príkaz daný prvému apoštolovi Petrovi, utvrdzovať bratov vo viere, tu, v sídle prešovského biskupstva, za prítomnosti sídelného biskupa Mons. Jána Hirku, v prítomnosti svätiaceho biskupa Mons. Milana Chautura a uprostred prekrásneho spoločenstva tak početného Božieho ľudu.

Miestne cirkvi jednej univerzálnej katolíckej Cirkvi tak Východu ako i Západu sa medzi sebou čiastočne odlišujú liturgiou, obradmi, disciplínou a duchovným dedičstvom, majú svoje špecifické dejiny i súčasnosť, majú svoje najrôznejšie problémy i radosti, predsa sú rovnako zverené pastierskemu vedeniu rímskeho pápeža. Svojou prítomnosťou vám všetkým hovorí, v dávnej i blízkej minulosti, tak ako i teraz, námestník Kristov je váš, je s vami, s vašimi radosťami, bolesťami a s vašou nádejou. Všetci sa milujeme navzájom bratskou láskou a predbiehame sa jeden druhého v úctivosti. V tomto duchu prednesme Bohu modlitby tohoto znamenia, tohoto Akatistu. V ňom prostredníctvom Panny Márie Bohorodičky modlíme sa a ďakujeme za všetkých a za všetko.

Slávnosť pokračovala spevom hymnu Akatist na oslavu Matky Božej. Akatist je prastarý mariánsky hymnus, ktorý existuje iba vo východnej liturgii a spieva sa vždy na piatu pôstnu sobotu. Po zvyčajnom začiatku sa striedal sólový spev dp. Vojtecha Boháča s mohutným tristočlenným speváckym zborom zloženým zo zborov z Prešova, Košíc, Vranova nad Topľou, Humenného a Bratislavy.

Po skončení Akatistu nasledoval príhovor Jána Pavla II.

Objavte kresťanské korene, ktoré priniesli hodnoty a civilizáciu celej Európe, tak na Východe, ako aj na Západe

Príhovor Svätého Otca ku gréckokatolíkom

Slava Isusu Christu!

Ctihodní bratia biskupi, milovaní veriaci tejto gréckokatolíckej eparchie, drahí Prešovčania!

„Veľké veci mi urobil ten, ktorý je mocný, a sväté je jeho meno" (Lk 1, 49). Magnifikat, ktorý odznel v tejto krásnej byzantskej liturgii, je radostný chválospev Panny Márie, poníženej Pánovej služobnice, ktorá obdivuje veľké veci, ktoré jej urobil Všemohúci. Týmito slovami Panny Márie sa vyjadruje Cirkev, keď ďakuje Pánovi za prijaté dobrodenia. Zvlášť sa nimi vyjadruje gréckokatolícka cirkev na Slovensku, ktorá môže po rokoch tvrdého útlaku znova slobodne dýchať. [Je to tak.]

Dnes sa k vám, drahí bratia a sestry, tými istými slovami presvätej Panny pridáva Petrov nástupca. Srdečne pozdravujem vášho biskupa Jána Hirku a jeho pomocného biskupa Milana Chautura, prítomných biskupov, pozdravujem pána prezidenta, pána predsedu vlády, občianskych predstaviteľov a všetkých vás, čo sa zúčastňujete na tejto slávnostnej molebni, [na tomto slávnostnom Akatiste]. Som tu, aby som s vami chválil Pána a tešil sa z veľkých vecí, ktoré vám a pre vás urobil Pán.

Zo srdca pozdravujem aj veriacich pravoslávnej cirkvi a ich pastierov. Ešte cítim živú radosť zo stretnutia s ekumenickým patriarchom Bartolomejom I. v Ríme na sviatok svätého Petra a Pavla. Modlím sa za odstránenie všetkých napätí, ktoré vznikli z historických dôvodov, aby sme mohli kráčať vo vzájomnom porozumení k plnej jednote.

Chcem sa prihovoriť aj všetkým tu prítomným Rusínom. Drahí bratia a sestry, ďakujem vám za vašu účasť. Nech Pán daruje pokoj a šťastný kresťanský život vašim spoločenstvám a vašim rodinám.

Prichádzajú mi na myseľ slová svätého Pavla Efezanom: „Jedno je telo a jeden Duch, ako ste aj povolaní v jednej nádeji svojho povolania. Jeden je Pán, jedna viera, jeden krst. Jeden je Boh a Otec všetkých, ktorý je nad všetkými, preniká všetkých a je vo všetkých" (Ef 4, 4-6).

Pri tejto mojej návšteve Slovenska, najmä v jeho východnej časti, mohol som osobne poznať zvláštnosti, ktoré charakterizujú náboženský život a tradície tohto kraja. Tu sa Západ stretá s Východom, latinský obrad s východným. [Je to tak.] Takmer hmatateľne tu možno cítiť stopy dedičstva a posolstva svätého Cyrila a Metoda, apoštolov Slovanov a spolupatrónov Európy.

Svätí solúnski bratia vypracovali svojou evanjelizačnou činnosťou model cirkevného života, ktorý v sebe spája bohatstvo východnej tradície v oblasti práva, liturgie, teológie a spirituality s princípom jednej, svätej, katolíckej a apoštolskej Cirkvi v spoločenstve s rímskym biskupom.

V dejinách boli chvíle, keď sa zdalo veľmi ťažké zachovať tento model, ktorý spájal rozdielnosť tradícií s požiadavkou jednoty, akú chcel Kristus pre svoju Cirkev. Ale vaša prítomnosť je výrečným svedectvom o tom, ako možno byť po stáročia a napriek všetkým ťažkostiam verní pôvodnému modelu, ktorý uskutočnili svätí Cyril a Metod, a pritom zachovať jednotu so všeobecnou Cirkvou a Rímskou stolicou, ktorá je z Božej vôle jej stredom. [Je to tak.]

Buďte hrdí na túto svoju pradávnu tradíciu, uchovajte si jednotu medzi sebou a chráňte ju pred každým zárodkom nesvornosti a rozdelenia. Vašou silou je duchovná jednota, ktorá sa prejavuje vo svornom konaní.

Všetci si pamätáte dramatickú situáciu v nedávnej minulosti, keď sily ideológie, ktorá je v rozpore so slobodou a dôstojnosťou človeka, odsúdili vaše cirkevné spoločenstvo na zánik. Ale Boh „zosadil mocnárov z trónov a povýšil ponížených" (Lk 1, 52), pretože boli medzi sebou solidárni v Kristovej láske.

„Blahoslavení tí, čo uverili, že sa splnia Pánove slová" (porov. Lk 1, 45). Gréckokatolícke spoločenstvo vyšlo z tejto skúšky obnovené a posilnené aj vďaka svedectvu a krvi početných mučeníkov. Živým dôkazom toho je viera veľkého počtu laikov, rehoľníkov, rehoľníčok, kňazov a duchovných pastierov. Stačí spomenúť utrpenie biskupa Vasiľa Hopku a mučeníctvo biskupa Pavla Gojdiča. Na prahu tretieho kresťanského tisícročia je to vzácny príspevok, ktorý vaše spoločenstvo dáva do pokladnice Cirkvi a najmä v prospech ekumenizmu.

Cesta k plnej jednote všetkých Pánových učeníkov je úloha, ktorá zaväzuje každého. Vykonáva sa modlitbou, apoštolskou prácou, každodenným svedectvom, očisťovaním historickej pamäti a nadovšetko obrátením srdca. V poslednej encyklike o ekumenizme som napísal, že „sa vyžaduje pokojný a jasný pohľad pravdy, oživovaný Božím milosrdenstvom, schopný oslobodiť ducha a vzbudiť v každom novú ochotu ohlasovať evanjelium človekovi z každého ľudu a národa" (*Ut unum sint,* č. 2).

Pán Ježiš v predvečer svojho umučenia prosil Otca, „aby všetci boli jedno", aby „svet uveril" (Jn 17, 21), a hneď potom dodal: „aby boli jedno, ako sme my jedno" (Jn 17, 22). Hľa, Boží plán s Cirkvou: ona "nie je skutočnosťou uzavretou do seba, ale je ustavične otvorená misionárskej a ekumenickej dynamike", je povolaná "zhromaždiť všetkých a všetko v Kristovi; byť pre všetkých neoddeliteľnou sviatosťou jednoty" (Kongregácia pre vieroučné otázky, deklarácia *Communionis notio,* 4). Touto cestou musíme kráčať všetci, pohýnaní láskou k pravde, ale nie bez zanedbávania požiadaviek vzájomnej lásky.

"Jedno telo, jeden Duch" (Ef 4, 4). Jednotu Kristovej Cirkvi ozdobuje prijatie zákonitých odlišností. Ony v priebehu dejín umožnili, že sa živé ohlasovanie evanjelia stalo osobitným vlastníctvom a tradíciou každého ľudu.

Bratia a sestry východného obradu, po stáročia ste si zachovali svoju liturgiu a nahromadili bohaté duchovné dedičstvo, ktoré charakterizuje vašu Cirkev. Hovoria o ňom posvätné budovy, ikony, spevy a pobožnosti. Buďte vďační Bohu za bohatstvo, ktorým vás obdaroval, a zostaňte verní darom, ktorými vás zahrnul.

Často som od slovenských pútnikov, ktorí prišli do Ríma, počul pozvanie: "Svätý Otče, príďte si pozrieť Tatry aj z ich južnej strany!" Dnes sa napĺňa táto vaša i moja túžba. Tatry, naše spoločné Tatry, také drahé Poliakom i Slovákom, skrývajú v sebe množstvo malých jazier zvaných "plesá". V ich priezračných vodách sa zrkadlí majestátna výška končiarov. Tento kraj, jedinečný v rozmanitosti stvorenia, hovorí nám o kráse a dobrote Stvoriteľa.

Od južných svahov Tatier až po zemplínsku rovinu už stáročia žijú popri bratoch a sestrách latinského obradu spoločenstvá východného obradu. Aj ony sú ako malé jazierka – plesá povolané predstavovať priezračnú a žiarivú Božiu dobrotu. To sám Pán obdarúva svoju Cirkev bohatstvom foriem a jednotlivých tradícií. Preto kdekoľvek žijú katolíci byzantského obradu medzi veriacimi iného obradu, je povinnosťou všetkých usilovať sa o to, aby sa ani jedno z týchto "plies" neumenšovalo alebo dokonca zmizlo.

V nedávnom apoštolskom liste *Orientale lumen* som zdôraznil, že v prvom tisícročí kresťanstva "rozvoj rozdielnych skúseností cirkevného života neprekážal kresťanom, aby vďaka vzájomným vzťahom poznali a prežívali istotu, že sú doma v ktorejkoľvek cirkvi, pretože sa v každej z nich vznáša v obdivuhodnej rozmanitosti jazykov a tónov chvála jedinému Otcovi skrze Krista v Duchu Svätom. Všetci sa zhromažďovali na slávení Eucharistie, ktorá je srdcom a vzorom spoločenstva nielen v oblasti duchovnosti a morálneho života, ale aj keď ide o rôzne úlohy a služby pod vedením biskupa, nástupcu apoštolov" (č. 24).

Práve toto mal na zreteli II. vatikánsky koncil, keď žiadal, aby sa všade dbalo na ochranu a vzrast partikulárnych cirkví východného obradu (porov. dekrét

Orientalium ecclesiarum, č. 4). Stretnutie rozličných kresťanských tradícií má viesť k opravdivému dialógu, ktorý je vždy vzájomnou výmenou duchovných darov (porov. *Lumen gentium,* č. 13). A to tvorí základ pre vzrast jednoty.

Toto dedičstvo, ktoré vaši otcovia úzkostlivo a odvážne chránili, sa zveruje vám mladým. Znovuobjavte svoje korene! Sú to kresťanské korene, ktoré priniesli hodnoty a civilizáciu celej Európe tak na Východe, ako aj na Západe. Ony čerpajú silu zo svedectva vašich otcov, ktorí hrdinsky zostali verní Kristovi aj napriek ťažkostiam a skúškam, ktoré museli podstúpiť v priebehu dejín.

Tým, ktorí z rozličných dôvodov stratili zmysel pre toto dedičstvo, pomôžte na ceste k znovuobjaveniu viery, aby ju dobre poznali, aby ju mohli milovať a usilovali sa podľa nej každý deň žiť. Aj toto je vaša úloha, ktorú máte plniť spolu so svojimi rodičmi, katechétmi, kňazmi a v plnej jednote s vaším biskupom.

Drahí veriaci! [Keď som bol v Nitre, tam pálilo slnko a volali sme: my sa slnka nebojíme! A dnes? My sa dažďa nebojíme! Drahí veriaci!] Dnes spievame hymnus Akatist, ten krásny spev, ktorý byzantská liturgia zložila na počesť Bohorodičky Márie vždy Panny, Theotokos, ktorá dala svetu Vykupiteľa človeka. Rád by som sa odtiaľto vybral na duchovnú púť po všetkých miestach, kde sa od stáročí schádzajú veriaci tejto eparchie na modlitbu k Panne Márii: do Ľutiny, Klokočova, Krásneho Brodu a Bukovej Hôrky, a v duchu sa zastavil v mnohých iných kostoloch zasvätených Panne Márii.

Matka je osoba, ktorá v každej rodine spája všetkých jej členov. Je to práve ona, ktorá vie svojou láskou urovnať spory a odstrániť nedorozumenia. Kiež sa Mária vždy Panna, Matka Pána a Matka Cirkvi, prihovára za nás všetkých u svojho Syna. Nech vyprosí najmä jednotu pre členov vašej Cirkvi, pre všetkých kresťanov a pre všetkých ľudí dobrej vôle, ktorí žijú v tejto krásnej časti Slovenska. K týmto žičeniam s veľkou radosťou pripájam a všetkým vám udeľujem apoštolské požehnanie.

Slávnostnú a radostnú atmosféru v Prešove nenarušil ani dážď

Prerušovaný častým aplauzom a súhlasom prítomných veriacich, osobitne mladých, Svätý Otec dokázal aj v Prešove svoj zmysel pre čistý kresťanský humor, ktorý spôsobuje nielen radosť, ale aj povzbudzuje. Srdečnosť a spontánnosť stretnutia nemohol prekaziť ani silný dážď. Neodradil veriacich, ktorí pozorne načúvali povzbudivým slovám Kristovho námestníka.

Pán Boh vystavil našich slovenských gréckokatolíkov takmer dvadsaťročnej nesmierne ťažkej skúške, keď išlo o ich existenciu, o ich bytie a či nebytie. Oni mu však zostali verní i za cenu nesmiernych obetí, nevzdali sa nádeje proti všetkej nádeji a s pomocou Božej Matky, ktorú tak vrúcne ctia a milujú, vyšli z tejto skúšky víťazne.

Teraz sa detinsky tešia z prítomnosti Kristovho zástupcu Svätého Otca Jána Pavla II. Na jeho príchod sa duchovne veľmi poctivo pripravili. Z hĺbky sŕdc zbožne spievajú svoj krásny starodávny hymnus Akatist na oslavu Božej Matky. No zdá sa, Pane, že ich opäť stavíaš na chvíľkovú skúšku, i keď iného druhu ako pred desaťročiami, na skúšku trpezlivosti spôsobenú silným dažďom.

Kým v Bratislave, v Nitre, v Šaštíne, ako aj v tento deň predpoludním v Košiciach bolo prekrásne slnečné počasie, naši gréckokatolícki bratia a sestry musia svoje stretnutie s Jánom Pavlom II. prestáť v prudkom daždi a búrke.

Ty, Pane, vieš najlepšie, koľko z lásky k tebe vydržia, a tým zároveň poslúžia ostat-

K spevu Akatistu sa pridali všetci prítomní kňazi

Svätého Otca pozdravil aj primátor mesta Prešov Juraj Kopčák s manželkou

124

ným za príklad. Dážď a zamračená obloha nemôžu uhasiť oheň viery v ich srdciach a svetlo duchovnej radosti v ich dušiach. Nebeský Otče, dobrý Bože, vďaka ti za vernosť tvojich gréckokatolíckych detí.

Po príhovore Svätého Otca sa iba ťažko lúčili naši gréckokatolícki bratia a sestry, starší i mladí, so svojím veľkým a úprimným priateľom, hlavou katolíckej Cirkvi, s Jánom Pavlom II. Hovorí sa, že keď je koniec dobrý, všetko je dobré.

Po slávnostnom požehnaní a pápežskej hymne V sedmobrežnom kruhu Ríma Ján Pavol II. prijal dary veriacich, o. i. ikonu od akademického maliara Mikuláša Klimčáka.

Pred rozlúčkou Svätý Otec ešte povedal:

Prší, a oni spievajú. Len spievajte ďalej, aj do polnoci, možno aj do rána. Pekne spievajú. Rusíni pekne spievajú. Pán Boh zaplať. Slováci aj Rusíni... Je to tak. Sláva Isusu Christu.

Tak začiatok stretnutia so Svätým Otcom, jeho priebeh napriek vytrvalému dažďu, ale i koniec boli vynikajúce, a preto môžeme právom povedať, že návšteva Jána Pavla II. v metropole Šariša veľmi dobre dopadla. Vďaka Bohu za tie požehnané a milostiplné chvíle, ktoré prežili naši gréckokatolíci spolu so Svätým Otcom.

Svätý Otec pomaly opúšťa Prešov. Kolóna sa uberá smerom na Spišskú Kapitulu, kde Ján Pavol II. strávil poslednú noc na Slovensku. Po celej trase sa nám ponúkal jedinečný obraz i napriek daždivému počasiu. Táto cesta určite pripravila Svätému Otcovi nesmiernu radosť. Ako prechádzal obcami a popri nich, všade bolo množstvo veriacich, deťmi počnúc, až po starenky a starcov. Všetci nadšene mávali vatikánskymi zástavkami Svätému Otcovi a hlasno skandovali: „Nech žije Svätý Otec!" Ak Jána Pavla II. pri tejto triumfálnej ceste niečo bolelo, tak to bola jedine skutočnosť, že sa nemohol stretnúť aspoň s niektorými z týchto ľudí i osobne. Obyvatelia dedín Fričovce, Širokej a samozrejme Spišského Podhradia boli okrem chorých určite všetci na uliciach, aby pozdravili Svätého Otca.

Bol to skutočne jedinečný obraz. Kolóna na čele s Jánom Pavlom II. prišla na Spišskú Kapitulu okolo pol ôsmej večer. Na Svätého Otca čakali nielen seminaristi a sestričky, ale aj predstavitelia mesta Spišské Podhradie a okresu Spišská Nová Ves.

Potom súkromne povečeral a konečne sa mohol po namáhavom dni plnom apoštolskej aktivity uchýliť na zaslúžený odpočinok pred významnou púťou na Mariánsku horu v Levoči v posledný deň svojej návštevy.

125

Petrov nástupca prišiel posilniť svojich bratov vo viere

Gréckokatolíci privítali Svätého Otca

Svätý Otec oslovil Slovensko a Slovákov na svojej minulej návšteve slovami: Nebojte sa!

Pri svojej terajšej návšteve, od 30. júna do 3. júla 1995, hoci to výslovne nepovedal, predsa len takto sme pochopili jeho posolstvo: Zmeňte sa!

Metanoia! Naša prastará zásada duchovného života. Bez odhodlania preniknúť do najtajnejších kútov našej duše, bez rozhodnutia znovu začať, zmeniť sa, nedôjde k obrode duchovného, náboženského, mravného, ani spoločenského života, ktorý z nich vyplýva. Ak Slováci neobnovia svoj život viery, vyvierajúci z ich historického kresťanského dedičstva, zaniknú v dnešnej podobe. Slovensko preto alebo bude kresťanské, alebo nebude vôbec.

Vo svojom prejave v Prešove Svätý Otec povedal, aby sme znovu objavili naše kresťanské korene. Tieto korene nás vedú k splneniu troch cieľov, zameraných na evanjelizáciu, obnovenie spoločenského života podľa kresťanských zásad a na ekumenizmus. Všetky tieto tri prvky sa navzájom prelínajú a dopĺňajú.

Predovšetkým je dôležité vedieť, že svätí Cyril a Metod svojou evanjelizačnou činnosťou vytvorili model cirkevného života, zachovaním východnej tradície a súčasne aj jednoty Cirkvi. Táto bola a je vždy dôležitou skutočnosťou v živote Cirkvi. Gréckokatolíci napriek ťažko predstaviteľným ťažkostiam po stárocia zostali verní pôvodnému modelu, ktorý priniesli solúnski bratia. Oni vedeli, čo znamená rozdelenie. Musíme sa preto všetkými silami chrániť nesvornosti a rozdelenia.

Našou silou aj naďalej zostáva duchovná jednota, ktorá sa prejavuje vo svornom konaní. Naša Cirkev vyšla zo skúšok a podľa Svätého Otca bola nielen obnovená, ale aj posilnená. Nesmieme však zabudnúť, že naši predchodcovia boli medzi sebou solidárni v Kristovej láske. Niekedy žasnúť prichodí, kde sa táto láska podela v našich veriacich, verejných činiteľoch, dokonca kňazoch a služobníkoch Ježiša Krista.

Ján Pavol II. nám všetkým pripomenul, že naše spoločenstvo dáva toto všetko do pokladnice Cirkvi, najmä v prospech ekumenizmu. Cesta k plnej jednote všetkých Pánových učeníkov je preto úloha, ktorá zaväzuje nás všetkých. Vykonáva sa modlitbou, apoštolskou prácou, každodenným svedectvom, očisťovaním historickej pamäti a nadovšetko obrátením srdca.

Jednotu Cirkvi ozdobuje prijatie zákonitých odlišností. Živé ohlasovanie evanjelia je preto osobitným vlastníctvom a tradíciou každého ľudu. Toto dedičstvo, ktoré naši otcovia a praotcovia úzkostlivo a odvážne chránili, treba zveriť mladej generácii.

Svätý Otec nás vyzval, aby sme znovu objavili naše korene! Kresťanské korene priniesli hodnoty a civilizáciu celej Európe. Západu aj Východu!

Tým, ktorí stratili zmysel pre toto dedičstvo, treba pomôcť na ceste k znovuobjaveniu tohto pokladu, najmä viery. Svätý Cyril a svätý Metod svojím životom hovoria aj nám, ako sa dá aj dnes kráčať cestou novej evanjelizácie a ako treba žiť, aby láska, ktorú hlásal Kristus, prekonala všetky možné prekážky a ťažkosti. Musíme vedieť, že žijeme v dobe rozličných útokov praktického ateizmu, relativizácie samozrejmých právd, nihilizmu. Aj v našich časoch nechýbajú protivenstvá a odpor proti autentickému životu viery. Evanjelium má však v sebe moc, ako to Svätý Otec zdôrazňuje, ktorá premení prekážky na prozreteľnostnú príležitosť ohlasovania spásy.

Prijatie evanjelia teda je cesta k vybudovaniu aj našej (slovenskej), nielen cirkevnej, ale aj občianskej spoločnosti, ktorá sa má vyznačovať skutočnou slobodou, rešpektovaním druhého, toleranciou, znášanlivosťou, pokojom, solidaritou bez predsudkov a predovšetkým láskou. Cesta hľadania opravdivého pokroku nás privedie aj k pravej slobode!

Budujme ju v pravde a denne. Dbajme viac o to, čo spája, ako o to, čo rozdeľuje. Len tak môžeme vytvoriť bratstvo a svornosť v spoločnosti.

**Mons. Ján Hirka
prešovský biskup**

Privítanie Svätého Otca na Spišskej Kapitule.

LEVOČA

3. júla 1995

Púť na Mariánsku horu

Levoča a jej Mariánska hora

Nevieme s istotou, kedy bol postavený prvý kostol na terajšej Mariánskej hore. Pôvodne sa volala Olivový vrch. Je však isté, že tu máme jedno z najstarších miest mariánskej úcty na Slovensku.

Kronikár Lányi zaznamenáva, že po tatárskych vpádoch, ktoré zničili Levoču, mesto bolo znova vystavané a nemeckí kolonizátori za pomoci miestneho obyvateľstva postavili na Olivovom vrchu kaplnku zasvätenú Duchu Svätému.

V roku 1311 kaplnka bola zrekonštruovaná a zasvätená Panne Márii. Malý priestor bol viackrát rozšírený, tak napríklad v roku 1322 a v 1470. V roku 1766 sa ukázalo, že kaplnku viacej už nemožno rozširovať, ale treba postaviť nový kostol.

Výstavba terajšieho kostola v neogotickom štýle trvala od roku 1906 až do 1922, pretože rýchlejšiemu dokončeniu prekazila I. svetová vojna. Nový kostol posvätil 2. júla 1922 biskup Ján Vojtaššák za veľkej účasti veriaceho ľudu.

Zázračná socha Panny Márie, ktorá sa nachádza v chráme, je skutočným umeleckým skvostom a zároveň svedectvom hlbokej mariánskej úcty slovenského ľudu. Vytesal ju z dreva neznámy autor v 14. storočí. Socha je 148 centimetrov vysoká, je ozdobená zlatom a na hlave má korunu. Znázorňuje Pannu Máriu vo chvíli stretnutia so svätou Alžbetou. *Drevo sa zdá svieže, akoby bolo vyrezané z kmeňa iba dnes,* zaznamenal kronikár Levoče Meyer v roku 1812.

V roku 1900 ozdobili sochu zlatou korunou; dar to pútnikov. Žiaľ, v novembri 1934 ju ukradol neznámy zlodej. Terajšia koruna zdobila sochu od roku 1700 do 1900.

Už od počiatku 14. storočia hľadal a nachádzal veriaci ľud ochranu u Levočskej Panny Márie na Mariánskej hore. Roku 1313 po skončení tatárskej okupácie zasvätili najsvätejšej Panne kaplnku na hore nad mestom. So svojimi radosťami i starosťami sem prichádzali mnohí pútnici zblízka i zďaleka.

Zo záznamov máme isté údaje o počte veriacich, svätých omší a kňazov. Počínajúc rokom 1764 sa tieto počty uvádzajú v *Denníku hory.* V tom istom roku priputovali do Levoče veriaci spolu s kňazmi z dvanástich krajín. V roku 1776, keď 13. marca pápež Pius VI. bulou *Quam serenissima Domina* zriadil Spišskú diecézu, počet pútnikov dosiahol šesťdesiattisíc.

V našom storočí vidíme číselný vzrast počtu pútí i pútnikov.

Medzi nimi osobitný význam zaujímajú tzv. ďakovné púte po I. i II. svetovej vojne. Obidve viedol biskup Ján Vojtaššák, dnes už známy vyznávač z čias komunistického prenasledovania. 2. júla 1947 za účasti 130 000 veriacich slávnostne zasvätil otec biskup Vojtaššák Spišskú diecézu Panne Márii z vďačnosti za to, že počas II. svetovej vojny ochránila Slovensko od veľkého spustošenia, ktoré postihli iné európske národy.

Ako je známe, ateistický režim na Slovensku po komunistickom puči vo februári 1948 rozpútal boj proti Bohu, Cirkvi a všetkému, čo je sväté, aký naše dejiny nepoznali. Pokiaľ išlo o pútnické miesta, režim zakázal všetky púte, a tak pútnické miesta osireli.

V roku 1968, za Dubčekovej jari sa púte na Slovensku obnovili, a napriek mnohým ťažkostiam pretrvali až do pádu komunizmu. Roku 1968 po dvadsaťročnom zákaze priputovalo do Levoče stotisíc veriacich.

Každým ďalším rokom Levoča sa stávala duchovným magnetom, najmä pre mladých vyznávačov Krista, ktorí tu prichádzali zo všetkých kútov nášho duchovne porobeného Slovenska.

Na svätú omšu so Svätým Otcom do Levoče sa zišlo okolo 600 000 ľudí

Možno právom povedať, že púte na Mariánsku horu v Levoči po r. 1968 až do pádu komunizmu v r. 1989 prispeli svojím podielom k zániku nanútenej ateistickej ideológie.

Modlitby, pôsty, duchovné obete, ale i fyzické ústrky a šikanovania tisícov pútnikov vytvorili obrovský duchovný kapitál, ktorý nenápadne, ale definitívne pripravoval tento pád, ako i pôdu pre nové duchovné vzkriesenie, ktorého sme sa dožili koncom roka 1989.

Treba dodať, že Spišská diecéza bola totiž najdlhšie neobsadená. Po zatknutí biskupa Mons. Jána Vojtaššáka v roku 1950 diecéza ostala bez pastiera až do 12. júla 1989, keď pápež Ján Pavol II. vymenoval za spišského biskupa levočského farára ThDr. Františka Tondru. Biskupskú vysviacku prijal v katedrálnom chráme svätého Martina v Spišskej Kapitule z rúk J. E. kardinála Jozefa Tomku 9. septembra 1989.

Ján Košiar

„Svätý Otče, do Levoče!"

Takto často volali slovenskí pútnici na nejednej generálnej audiencii vo Vatikáne. Ján Pavol II. na svojich audienciách viackrát hovoril o tomto našom pútnickom mieste. Spomeňme si napríklad na jeho pozdrav levočským pútnikom z 3. júla 1988, keď im z Námestia svätého Petra po modlitbe Anjel Pána adresoval tieto slová:

„Drahí levočskí pútnici, v duchu putujem s vami na Levočskú horu a zo srdca vás požehnávam. Nech vás Matka Božia posilní vo viere, upevní v nádeji a rozohní v láske k Bohu a k blížnemu."

Presne o sedem rokov neskôr, t. j. v pondelok 3. júla roku 1995 a v posledný deň svojej druhej historickej návštevy na Slovensku, priputoval na toto posvätné miesto, na Mariánsku horu do Levoče. Niet pochýb, že Levoča v celej svojej takmer sedemstoročnej histórii neprivítala takého významného pútnika, akým bol práve Svätý Otec, pápež Ján Pavol II.

Púť v Levoči sa začala vlastne už v nedeľu. Tisíce pútnikov zo Slovenska i z okolitých krajín zapĺňali nádherný prírodný amfiteáter. Modlitby a náboženské piesne bolo počuť do neskorej noci. A to aj napriek tomu, že . brehy Mariánskej hory zalieval výdatný

dážď. Ani nočná búrka neodradila pútnikov od trpezlivého čakania na vzácneho mariánskeho ctiteľa, pápeža Jána Pavla II.

„Mokli sme celú noc, ale na to sa v Levoči hromžiť nesmie," prezradil redaktorovi Pavlovi Vítkovi Róm Gusto Oračko z Malej Lomničky pri Starej Ľubovni. Prišiel na Mariánsku horu už v nedeľu popoludní aj s veľkou rodinou. Rómovia z ich dediny sa totiž zložili na autobus. Sumu sedemdesiat korún si odložili z podpôr.

Redaktor A. Buzinkay z Národnej obrody stretol tri dievčatá - gymnazistky Martinu, Katku a Vierku z Moravy, ktoré si postavili stan už v piatok poobede neďaleko baziliky. „Či prší, je teplo, alebo zima, to nám je jedno. Dôležité je všetko, čo tu uvidíme, počujeme a precítime. Chceme si to uchovať v mysliach navždy a odovzdať našim deťom," vyhlásili sebavedome dievčatá z Moravy.

Ráno sa obloha vyjasnila, slnko vysúšalo premoknutých pútnikov, čo Svätý Otec na konci svojej kázne komentoval slovami: „Dobre ste púť pripravili, aj s pekným počasím."

Skoro ráno chlapci a dievčatá v ždiarskom kroji priniesli z baziliky Navštívenia sochu Panny Márie na oltár na tribúne.

Pred začiatkom svätej omše bolo na Mariánskej hore vyše pol milióna pútnikov, najväčší počet zo všetkých stretnutí s Jánom Pavlom II. Medzi nimi vyše desaťtisíc Poliakov, pútnici z Ukrajiny, Maďarska a nechýbali ani Slováci z Rumunska.

Medzi účastníkmi púte boli šiesti kardináli, veľký počet biskupov a kňazov, ďalej vládni predstavitelia na čele s prezidentom, predsedom vlády, ako aj členovia vlády a poslanci NR SR.

Krátko pred 9. hodinou prichádza na oltárnu tribúnu Ján Pavol II. za zvukov sláv-nostných fanfár. Po nich zaznela obľúbená mariánska pieseň Celá krásna si, Mária.

Pred svätou omšou privítal Svätého Otca v mene rekordného počtu veriacich diecézny biskup Mons. František Tondra.

Vo svojom pozdrave pripomenul život svojho predchodcu biskupa Jána Vojtaššáka, ktorý vo väzení strávil celých pätnásť rokov. Potom spomenul, že ďalších osemdesiat kňazov Spišskej diecézy odsedelo spolu 365 rokov väzenia. Jeho prejav prerušili veriaci niekoľkokrát mohutným a vďačným potleskom.

Svätého Otca v Levoči privítal jej primátor Peter Pekarčík

Svätý Otče!

Keď ste boli krakovským arcibiskupom, Spišská diecéza bola vašou susednou diecézou. Keď ste sa stali pápežom, medzi všetkými diecézami Cirkvi sa aj Spišská diecéza stala vašou diecézou. Vítame vás tu na Spiši, tu v Levoči na Mariánskej hore.

Svätý Otče, do Levoče! Tak ste neraz počuli v aule Pavla VI., a teraz sa to stalo skutočnosťou. Všetci sa tešíme. V polovici 13. storočia zažilo Uhorsko, ku ktorému vtedy patrilo aj Slovensko, hotovú kataklizmu. Boli to nájazdy Tatárov. Roku 1241 Tatári porazili uhorské vojská a zaplavili celú krajinu. Celé Slovensko, ale zvlášť jeho východná časť, trpelo tatárskym plienením. Ľud sa zachraňoval útekom do hôr. Napriek tomu Slovensko stratilo polovicu obyvateľstva. Tí v horách si na stromy zavesili kríž alebo obraz Panny Márie a tam sa modlili a prosili o pomoc z neba. Keď tatárska pohroma prešla, ľudia sa vrátili do svojich dedín a miest, ale začali chodievať na niektoré miesta v horách, kde sa zachránili, aby ďakovali Bohu za záchranu.

Tak vznikli niektoré pútnické miesta na Slovensku, medzi ktorými je najviac navštevovaná Mariánska hora v Levoči. Prvý záznam o tomto mieste je spred 750 rokov, z roku 1245. V roku 1247 už tu bola postavená kaplnka, do ktorej chodievali pútnici. Odvtedy sa tu neprestajne konajú púte.

Vy ste, Svätý Otče, v roku 1984 kostol na Mariánskej hore povýšili na baziliku minor, menšiu baziliku. Za totalitnej vlády počet pútnikov neustále stúpal. Pre veľký počet pútnikov ani komunisti si nedovolili zakročiť proti procesiám. V sedemdesiatych a osemdesiatych rokoch sme pozorovali obdivuhodný pohyb mládeže, ktorá účasťou na levočskej púti dokazovala svoju vernosť Cirkvi. Tej mládeže, ktorá už bola dieťaťom komunizmu. Tu prichádzala načerpať sily a oduševnenie.

Nemôžem nespomenúť môjho predchodcu Jána Vojtaššáka, ktorý toto miesto nesmierne miloval a tu iste načerpal sily pre svoje hrdinské svedectvo viery. Pätnásť rokov odsedel v komunistickom väzení a zomrel mimo diecézy. Okrem neho osemdesiat kňazov Spišskej diecézy odsedelo spolu 365 rokov väzenia. Je to obeta, ktorá zúrodňovala pôdu mladých pre prijatie Krista do svojho života.

Svätý Otče, Pán Ježiš poveril Petra, aby upevňoval bratov vo viere. Aj vy ste prišli s týmto poslaním k nám, ako ste to povedali na bratislavskom letisku. Upevnite nás vo viere v Boha a vo viere v človeka, lebo to spolu súvisí.

Kristus nám zjavil pravdy o Bohu, ale aj o človeku: kto je človek.

My vieme, že vám tento človek, každý človek leží na srdci. Človek nielen podľa svojej užitočnosti, ale podľa svojej vnútornej hodnoty. A tú má každý človek, aj nenarodený, aj starý, chorý, postihnutý, aj dobrý, aj zlý. My vieme, že dnes nikto na svete nezdôrazňuje dôstojnosť ľudskej osoby tak silne ako vy, Svätý Otče.

To vidíme v každom vašom prejave, v každej vašej encyklike, preto sme od vás naposledy dostali *Evangelium vitae,* dobrú zvesť o živote. Sme vám za to vďační.

Prosíme vás, Svätý Otče, posilnite nás v tejto viere.

Po slovách otca biskupa Tondru Kristov námestník vyjadril svoju radosť, že spolu s prítomnými môže sláviť svätú omšu na tomto pútnickom mieste, ktoré bolo po stáročia pre veriacich miestom nádeje. Na úvod ich pozdravil týmito slovami:

Drahí bratia a sestry, mariánski ctitelia!

Úprimne sa radujem, že spolu s vami môžem sláviť svätú omšu na tomto pútnickom mieste, ktoré bolo po stáročia miestom nádeje. Roky som bol v duchu s vami. Pri svojich cestách do Večného mesta Ríma ste mi veľakrát pripomínali: Svätý Otče, do Levoče. Teraz som tu a chcem spolu s vami ďakovať Bohu za dar našej Nebeskej Matky. Ona nás učí, že uplatňovanie pravej slobody je v poslušnosti Bohu. Len poslušnosť Bohu je naplnením ľudskej slobody. To platí aj pre nás.

Skôr, ako budeme sláviť Eucharistiu, spytujme si svedomie a oľutujme svoje hriechy.

Po evanjeliu nasledovala homília Svätého Otca, ktorú uvádzame v úplnom znení.

Gorali vo svojich krojoch na púti v Levoči

Prichádzam svedčiť o časoch, keď tu nebola náboženská sloboda, aby si všetci pripomenuli dni útlaku

Homília Jána Pavla II. na Mariánskej hore v Levoči

„Blahoslavená je tá, ktorá uverila" (Lk 1, 45).

Levočská svätyňa je zasvätená tajomstvu Návštevy, druhému tajomstvu radostného ruženca, o ktorom dnes rozjímame poučení Evanjeliom podľa svätého Lukáša. Panna Mária išla po zvestovaní navštíviť Alžbetu, svoju príbuznú, do Zachariášovho domu. Alžbeta bola vyvolená za matku Jána Krstiteľa, ktorý mal pripraviť príchod Mesiáša. Stretnutie v tom dome nie je teda iba stretnutím dvoch matiek, ale v istom zmysle aj stretnutím dvoch synov. Jasne to vyjadruje svätá Alžbeta vo chvíli pozdravu pri stretnutí: „Čím som si zaslúžila," hovorí, „že matka môjho Pána prichádza ku mne? Lebo len čo zaznel tvoj pozdrav v mojich ušiach, radosťou sa zachvelo dieťa v mojom lone" (Lk 1, 43–44). A tak nielen Alžbeta pozdravuje Máriu, ale v nej aj Ján pozdravuje Ježiša, ktorého Mária nosí od chvíle zvestovania vo svojom lone.

„Požehnaná si medzi ženami a požehnaný je plod tvojho života" (Lk 1, 42). Tieto Alžbetine slová poznáme veľmi dobre. Vyslovujeme ich veľa ráz v Anjelskom pozdravení: „Zdravas', Mária, milosti plná, Pán s tebou, požehnaná si medzi ženami a požehnaný je plod života tvojho." Možno povedať, že tieto slová obsahujú celé evanjelium Návštevy, ktoré je jedinečným obsahom našej viery. Dnes prichádzam do Levoče práve v duchu tajomstva Návštevy. A vy, ktorí ste sem prišli na púť zo Spiša a z celého Slovenska, skláňate sa k nohám Panny Márie práve v duchu evanjelia Návštevy.

Dobre sa pamätám, čo znamenalo toto evanjelium Návštevy pre moju vlasť v časoch hrdinského odporu proti marxisticko-materialistickému systému. Vtedy na podnet poľského episkopátu, povzbudzovaného kardinálom Wyszynským, vydal sa na cestu z Jasnej Hory z Čenstochovej veľmi známy a uctievaný obraz svätej Božej Rodičky, aby navštívil všetky poľské farnosti a spoločenstvá veriacich. Toto putovanie Panny Márie trvalo takmer dvadsaťpäť rokov.

Počas putovania boli rozličné pokusy prekaziť túto „návštevu" zhabaním obrazu a jeho zadržaním na Jasnej Hore. A tak potom pri putovaní nosili iba rám bez obrazu. Ale tento prázdny rám bol v istom zmysle ešte výrečnejší, lebo povedal oveľa viac všetkým, ktorí ho videli. Zreteľne hovoril, že chýba náboženská sloboda; tá sloboda, na ktorú mal národ naozaj právo. Tak sa evanjelium Návštevy vpísalo do mojej pamäti i do môjho srdca a dnes som prišiel vydať vám o ňom svedectvo práve tu v Levoči, lebo aj vy máte v pamäti tie časy útlaku. Starší z vás sa zaiste pamätajú na úctyhodnú postavu biskupa Jána Vojtaššáka a bratia gréckokatolíci na postavu biskupa Pavla Gojdiča. Obidvaja boli uväznení v žalári na základe pseudoprocesov. Dnes si zasluhujú, aby sa konal cirkevný proces ich blahorečenia, pretože vydali svedectvo o vernej službe Cirkvi na Slovensku.

„Blahoslavená je tá, ktorá uverila."

Prv, než Mária stihne vyrozprávať udalosť zvestovania, Alžbeta ju predíde a zvolá: „Blahoslavená je tá, ktorá uverila, že sa splní, čo jej povedal Pán" (Lk 1, 45). Áno, Alžbeta myslela na zvestovanie. Mária prišla vyrozprávať svojej staršej príbuznej, čo tajomne zažila v Nazarete. Ale Alžbeta, osvietená Duchom Svätým, ešte prv než začne Mária hovoriť, oceňuje jej úkon viery a nazýva ju „blahoslavenou" pre „fiat", ktoré vyslovila.

Vo zvestovaní je v istom zmysle obsiahnuté celé evanjelium. Keď Mária počuje Alžbetin pozdrav, iste má pred sebou udalosť, ktorá sa odohrala v Nazarete: udalosť, ktorá dáva počiatok novej zmluve Boha s ľuďmi. „Zdravas', milosti plná, Pán s tebou" (Lk 1, 28). Každé slovo nebeského posla prinášalo zvesť o tom, že sa začína nový vzťah medzi Bohom a ľuďmi. A jeho slová boli aj úvodom k tomu, čo Mária teraz počuje od svojej príbuznej: „Požehnaná si medzi ženami" (Lk 1, 42).

Mária, snúbenica tesára Jozefa, zostáva podľa Svätého písma pannou s predsavzatím zachovať toto panenstvo spolu so svojím ženíchom. Preto sa pýta anjela: „Ako sa to stane, veď ja muža nepoznám" (Lk 1, 34). Boží posol jej vysvetľuje: „Duch Svätý zostúpi na teba a moc Najvyššieho ťa zatieni. A preto aj dieťa bude sa volať svätým, bude to Boží Syn" (Lk 1, 35). Anjel vysvetľuje Márii, akým spôsobom sa stane matkou, pričom zostane aj pannou. Stane sa to pôsobením Ducha Svätého. Vďaka tejto nadprirodzenej Božej plodnosti sa Boží Syn jednej podstaty s Otcom, Boh z Boha, Svetlo zo Svetla, večné Slovo Otca, stane v jej lone Synom človeka.

Kedysi Abrahám uveril Bohu a prijal jeho výzvu, čím dal počiatok veľkému bohatstvu zjavenia viery. Teraz, vo chvíli zvestovania, Mária verí slovám Božieho posla a dáva počiatok novému bohatstvu viery, v ktorom je staré prevzaté a privedené k plnosti.

Nové bohatstvo viery, nové a večné bohatstvo veľkonočného tajomstva, bohatstvo Krista ukrižovaného a zmŕtvychvstalého, ukazuje novú hĺbku viery. Keď apoštoli zhromaždení vo Večeradle vidia Ježiša Krista po jeho zmŕtvychvstaní, spoznávajú ho a uveria v neho. Ale Tomáš, jeden z nich, nie je s nimi. A nechce veriť svojim bratom, ktorí ho uisťujú, že videli Pána. „Ak neuvidím – neuverím" (porov. Jn 20, 25). O osem dní sa Zmŕtvychvstalý vrátil medzi nich a rozkázal Tomášovi dotknúť sa jeho rán. Až vtedy Tomáš padá na kolená a vyznáva: „Pán môj a Boh môj" (Jn 20, 28). Ježiš mu na to hovorí: „Uveril si, pretože si ma videl. Blahoslavení tí, čo nevideli, a uverili" (Jn 20, 29).

Blahoslavením Máriinej viery sa otvára perspektíva vyjadrená v Kristových slovách, ktoré povedal apoštolovi Tomášovi: „Blahoslavení tí, čo nevideli, a uverili." Nevideli, ale prijali svedectvo tých, čo videli – čiže svedectvo apoštolov a Cirkvi. A neprestajne ho prijímajú. Prijímajú aj svedectvo Kristovej matky, ktorá aj dnes ohlasuje veľké Božie skutky tým, že zvestuje Ježiša Krista ľuďom všetkých čias. Jedným z miest na Slovensku, kde Mária vydáva toto svedectvo, je zaiste táto svätyňa v Levoči.

Sme generáciou dvadsiateho storočia, ktoré sa chýli ku koncu. Musíme priznať, že pretrvanie viery v tejto krajine treba pripísať aj svedectvu tejto svätyne v Levoči. O mužoch a ženách súčasnej generácie by sme mohli povedať ešte viac. Nielenže „nevideli, a uverili", ale zostali pevní vo viere aj napriek tomu, že sa podnikalo všetko, aby ich od nej odviedli.

Táto generácia si pamätá, akými rozličnými, často ponižujúcimi prostriedkami sa pokúšali obrať ľudí o ich vieru, nanútiť im ateizmus, odviesť ich od Cirkvi a od náboženského života.

Môže človek prijať pravdu o jestvovaní neviditeľného Boha? To je stále aktuálna otázka, zvlášť naliehavá v časoch, keď sa ateizmus stal programom verejného života, výchovy a masových komunikačných prostriedkov. Vtedy sa musí človek znova a ešte hlbšie zamyslieť nad otázkou jestvovania Boha. Musí znova prejsť rozumovým uvažovaním, o ktorom hovorí v Novom zákone List svätého apoštola Pavla Rimanom: „Veď to, čo je v ňom (v Bohu) neviditeľné – jeho večnú moc a božstvo – možno od stvorenia sveta rozumom poznávať zo stvorených vecí" (Rim 1, 20). Človek môže dospieť k poznaniu neviditeľného Stvoriteľa pozorovaním viditeľného stvorenia. Starozákonná Kniha Múdrosti ohlasuje tú istú pravdu, keď robí výčitky ľuďom, „ktorí z viditeľných dobier nevládali poznať toho, ktorý je, a čo nepoznali Tvorcu pri pohľade na jeho diela" (Múd 13, 1).

Dnešnému človeku sa niekedy stáva, že diela stvorenia a ešte viac diela vytvorené jeho rukami namiesto toho, aby mu pomáhali v tomto výstupe k Stvoriteľovi, prekážajú mu v ňom, privádzajú ho k naviazanosti iba na pozemské dobrá a spôsobujú, že zabúda na Boha: Žijeme, ako keby Boh nejestvoval. Toto nebezpečenstvo hrozí predovšetkým bohatej a sekularizovanej spoločnosti.

Proti všetkým formám starého i nového ateizmu stojí Kristus, ktorý vydáva najvernejšie svedectvo o Bohu ako Otcovi: Otcovi, ktorý tak miloval svet, že dal svojho jednorodeného Syna (porov. Jn 3, 16).

Mariánske svätyne sú miesta, kde sa Kristovo svedectvo stáva mimoriadne účinným. Istotne mnohí synovia a dcéry Slovenska vďačia tejto levočskej svätyni za to, že sa pravda o Bohu a viera v neho zachovali živé v ich srdciach.

Preto treba, aby sme tu spolu s Božou Matkou predniesli ten vznešený hymnus chvály, ktorý spieva celá Cirkev každý deň: „Velebí moja duša Pána a môj duch jasá v Bohu, mojom Spasiteľovi... lebo veľké veci mi urobil ten, ktorý je mocný, a sväté je jeho meno a jeho milosrdenstvo z pokolenia na pokolenie s tými, čo sa ho boja" (Lk 1, 46–50). Ak všetky pokolenia blahoslavia Máriu, blahoslavenie jej osoby sa vždy mení na oslavný hymnus na Stvoriteľa. Mária je najkrajšie stvorenie, aké vôbec žilo na zemi. Ak ohlasujú Božiu slávu všetky stvorenia, o čo viac ju ohlasuje tá, ktorú Cirkev nazýva Kráľovnou neba i zeme. Prostredníctvom nej, jej ústami a jej srdcom ohlasuje Božiu slávu celé stvorenie. Jej chválospev je Magnifikat. A tu v Levoči, ako aj v Šaštíne spieva tento chválospev celé Slovensko. Toto je miesto, kde možno „čerpať vodu z prameňov spásy" (Iz 12, 3). Toto je miesto, kde sa môžete duchovne znovuzrodiť. Sem prichádzate obnovovať svoju lásku k Bohu a k ľuďom. A okrem toho sa na tomto mieste osobitným spôsobom pripravujete vstúpiť do tretieho tisícročia kresťanstva. Vo vianočnú noc roku 2000 sa budú všade ozývať radostné spevy. Pozdravíte Krista narodeného v Betleheme, ako ho kedysi pozdravili pastieri a mudrci od východu: „Buď pozdravený, Ježišu, Syn Panny Márie."

Nech vás preblahoslavená Panna vedie k tomuto historickému cieľu.

Nech oživuje vo vašich srdciach vieru, aby každý syn a každá dcéra tejto krajiny spoznali v Kristovi svojho Vykupiteľa a našli v ňom spásu.

Pochválený buď Ježiš Kristus.

Hore: Prinášanie obetných darov. Dole: Koncelebranti svätej omše, vpravo je otec Šebastián Labo SJ so šéfom ochranky Svätého Otca Camillom Cibinom

140

Svätý Otec daroval Levočskej Panne Márii ruženec. Do rúk milostivej sochy ho dáva spišský biskup Mons. František Tondra

Svätý Otče!

Pred piatimi rokmi ste v Bratislave požehnali dvesto základných kameňov pre nové kostoly pre celé Slovensko. Z tých kameňov pre Spiš bolo sedemnásť a kostoly sú už postavené aj posvätené. Teraz máme tu nachystaných pätnásť nových základných kameňov a prosíme vás, aby ste ich požehnali a aby milosť Božia z týchto kostolov potom prúdila pre všetkých, ktorí tam budú vzývať meno Božie.

Ján Pavol II. ich požehnal touto modlitbou:

Pane, svätý Otče, tvoj Syn narodený z Panny Márie je podľa proroka kameňom, ktorý sa bez ľudského pričinenia spustil z vrchu a podľa Apoštola je nemeniteľným základom.

Požehnaj tieto základné kamene, ktoré položíme v jeho mene, a daj, aby on, ustanovený za počiatok a cieľ všetkého, bol pri počiatku, rozvoji a dovŕšení stavebného diela. Lebo on žije a kraľuje na veky vekov. Amen.

Na záver Ján Pavol II. prítomným ešte povedal tieto slová. Po poľsky povedal viac, ako mal pripravené po slovensky. Preklad uvádzame v hranatých zátvorkách.

Bratia a sestry, keď som prišiel medzi vás na toto miesto, spozoroval som, že tu ste boli vždy jednotní a slobodní. Spája vás spoločná viera, tá istá nádej a vzájomná láska. Tu bola záruka vašej slobody, tu ste boli vždy silní, a to silou Božou, proti ktorej ľudia nič nezmôžu. Vďaka tejto viere, vďaka tomuto presvedčeniu ste tým, čím ste. To je základ vašej identity, vašej totožnosti. Spolu s vašimi biskupmi zverujem celé vaše drahé Slovensko Bohu.

Vaša minulosť svedčí o tom, že v Bohu bola vždy zakotvená vaša istota. To je aj cesta, ktorou máte kráčať v budúcnosti, a to na každom poli vášho života a vašej činnosti. V osobnom úsilí, v rodinách, v menších spoločenstvách, v celom národnom živote, v práci o hmotné dobro, blahobyt, v hospodárskom, sociálnom i politickom dianí.

Moja púť na Slovensku sa končí.

[Tatry, správne. Musím vám povedať, že toto stretnutie ste veľmi pekne pripravili. Som tu po prvýkrát. Neraz som vítal Slovákov na Kalvárii, ktorí tam prišli ako pútnici k Panne Márii. Veľakrát som o Levoči počul, ale som tu prvýkrát a veľmi sa mi tu páči. Veľmi veľa nám hovorí táto svätyňa na vrchole hory

Svätý Otec požehnáva základné kamene nových kostolov

a my stojíme dole a hľadíme, ako by sme k nej vystúpili. Panna Mária je tam hore a čaká, lebo nás chce sprevádzať na ceste ku Kristovi. O tom všetkom hovorí Levoča. Je to tak! Je to tak! Veľmi dobre ste to pripravili, spolu s Božou Matkou, aj počasie. Veľmi dobré, mierne, s vetríkom, niekedy až silným, osviežujúce, a teda túžim sa sem vrátiť, a keď nie sem, tak aspoň do Zakopaného.

Zakopané sa dnes pripravilo na to, aby presvedčilo pápeža, aby tam prišiel čím najskôr. Zrazu Svätý Otec číta nahlas nápisy na transparentoch: Zakopané pozdravuje, Ksiezówka pozýva, Zakopané čaká, Zakopané víta, všetko zaradom. Je možné, že Panna Mária z Levoče nejako privedie pápeža do Zakopaného. Nech gorali z druhej strany Tatier často sem putujú a prosia, aby tam mohol prísť, lebo sa mu ťažko chodí. Už tam mal byť, a ešte nebol! No s pomocou Levoče dúfa, že tam príde, naozaj.]

Moja púť na Slovensku sa končí. Ďakujem vám za svedectvo viery, ktoré ste mi dali. Odnášam si ho v srdci do Ríma. Ďakujem biskupom, kňazom, rehoľným osobám, všetkým veriacim. Ďakujem verejným činiteľom na čele s pánom prezidentom a pánom predsedom vlády. Ďakujem všetkým, ktorí sa pričinili o úspech tejto cesty. Pán Boh zaplať.

Z druhej strany Tatier prišli do Levoče Svätého Otca pozdraviť poľskí pútnici

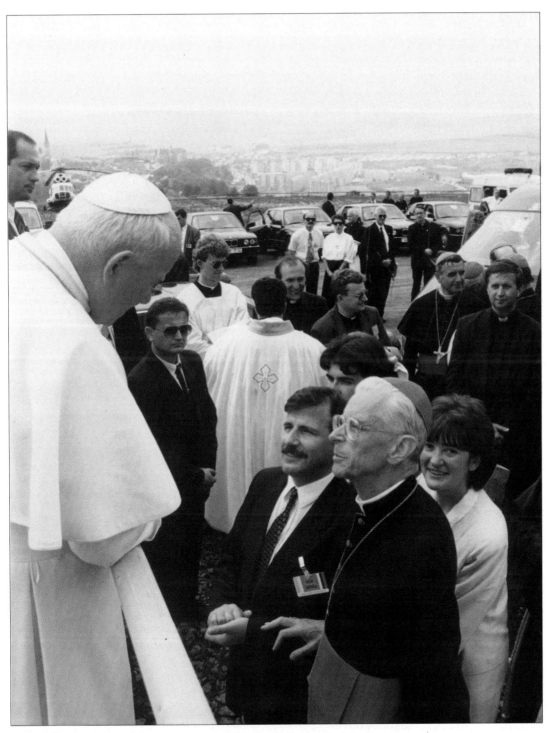

Jána Pavla II. v Levoči pozdravili aj krakovský kardinál František Macharski a náš veľvyslanec v Poľsku Marián Servátka s manželkou

Po požehnaní Svätý Otec odišiel z Mariánskej hory v papamobile spolu s otcom biskupom Františkom Tondrom pomedzi jasajúce špaliere veriacich, aby sa vydal na cestu do Tatier. Za mestom prestúpil z papamobilu do limuzíny. Cestou do Tatier pápežská kolóna v každej dedine spomalila.

Z chodníkov tisícky miestnych obyvateľov, ako aj mnoho turistov a zahraničných hostí nadšene pozdravovali pápeža a volali: „Nech žije Svätý Otec!"

Po príchode do Tatier na Velické pleso vzácny hosť najprv v úzkom kruhu poobedoval v Sliezskom dome, kde si aj oddýchol. Ako sme sa večer dozvedeli od kuchára, Ján Pavol II. dostal na obed tatranského pstruha.

Po oddychu si Svätý Otec zašiel k Velickému plesu, kde sa v altánku modlil, pri prechádzke meditoval a kochal sa v kráse tatranských veľhôr, ktoré už od svojej mladosti má tak veľmi rád. Nakoniec ho vrtuľníkom previezli ponad štíty slovensko-poľských Tatier, ktoré, ako sám priznal, z južnej strany ešte nikdy takto nevidel.

Návšteva Vysokých Tatier, niekoľkohodinový pobyt pri Velickom plese poskytli Svätému Otcovi na záver štvordňovej pastoračnej cesty krásne chvíle zaslúženého oddychu, na ktoré bude určite vždy milo spomínať. Počas svojich šesťdesiatpäť doterajších apoštolských ciest do zahraničia navštívil množstvo krajín, ale iba máloktorá z nich mu na záver jeho návštevy pripravila také chvíle oddychu ako naša nie veľká, ale nádherná zem rodná. Ďakujme Pánovi za naše malé, ale prekrásne Slovensko!

Svätý Otec s otcom biskupom Františkom Tondrom na Velickom plese

146

Svätý Otec na Spiši

Som veľmi rád, že som mohol privítať Svätého Otca Jána Pavla II. na našom Spiši a v našej diecéze. 2. júla 1995 vo večerných hodinách Svätý Otec prišiel autom z Prešova na Spišskú Kapitulu. Keďže tu už nebolo pre neho plánované stretnutie s ľuďmi, z bezpečnostných dôvodov ho tu privítala iba neveľká skupina kňazov a bohoslovcov, predstavitelia okresu Spišská Nová Ves a mesta Spišské Podhradie, rektori Univerzity Komenského a Trnavskej univerzity a ďalšie osobnosti.

Svätý Otec po svojom príchode povedal: „Konečne viem, čo je to Spišská Kapitula." Pod pojmom kapitula sa v Cirkvi bežne rozumie zbor kanonikov. Od 13. storočia bola sídlom Spišského prepošstva a od roku 1776 sídlom Spišského biskupstva. Od svojho založenia bola významným náboženským centrom na východnom Slovensku. Spišská Kapitula bola do roku 1950 samostatnou obcou a samozrejme aj sídlom kanonikov.

Svätý Otec večeral spolu s predstavenými Spišského biskupstva a Teologického inštitútu Jána Vojtaššáka. Veľmi živo a srdečne sa zaujímal o život v diecéze. Ráno o tri štvrte na osem bol v katedrále na adorácii, potom navštívil biskupskú rezidenciu, ktorú aj požehnal.

Hlavným programom Jána Pavla II. v pondelok 3. júla bola svätá omša na Mariánskej hore v Levoči, kde ho privítalo šesťstotisíc pútnikov. Hovorím o pútnikoch, lebo 2. júla na Slovensku na základe cirkevného schválenia aj po reforme liturgického kalendára slávime sviatok Navštívenia Panny Márie, hoci v celej Cirkvi sa teraz slávi 31. mája. Výnimku sme dostali práve kvôli bazilike na Mariánskej hore, ktorá je zasvätená tomuto tajomstvu. Svätý Otec práve preto prišiel na Slovensko v tieto dni. Jeho program bol zostavený tak, že Levoča vyšla až na záver jeho cesty po Slovensku, na 3. júla. Tu, na Spiši, v Poprade, totiž končil svoju návštevu. Podľa odhadov mnohých skúsených ľudí v Levoči bolo najviac pútnikov zo všetkých stretnutí s Jánom Pavlom II.

Je to pochopiteľné, lebo Levoča čo do počtu pútnikov každoročne je najviac navštevovaným miestom. Svätý Otec bol so všetkými stretnutiami veľmi spokojný, ale s Levočou mimoriadne. Disciplinovanosť pútnikov je tu už akoby zaužívaná. Spomínam si na komunistické časy, keď mesto chcelo požadovať od farského úradu nejaký poplatok za upratovanie mesta po púti, hoci sa nenašiel ani jeden odhodený papier okrem okolia vonkajších bufetov. Neodvážili sa tým osloviť farský úrad. Sám som bol kaplánom v Levoči cez dve a farárom cez tri púte.

Podľa svedectva mnohých stretnutie so Svätým Otcom zapôsobilo nielen na veriacich, ale aj na neveriacich. A viem už o prípadoch, keď si ľudia uvedomili svoje ja a začali sa hlbšie zamýšľať nad zmyslom svojho života. Ja som to uviedol v privítacom príhovore pred Svätým Otcom, že kto chce poznať Boha a dostať sa k nemu, musí poznať aj človeka, teda seba samého. Je to aj prirodzená podmienka.

Nie bez významu už predkresťanský mysliteľ Sokrates zdôrazňoval myšlienku: *Poznaj sám seba*. A Ján Pavol II. je hlboký znalec človeka, o. i. napísal aj dielo *Osoba a čin*, kde do hĺbky rozoberá ľudské konanie, ktoré je podmienené vlastnosťami človeka a robí ho osobou.

Po skončení svätej omše Ján Pavol II. nasadol do papamobilu v sprievode svojho tajomníka a mňa. Za Levočou sme presadli do osobného auta a cestovali sme na Sliezsky dom vo Vysokých Tatrách. Hoci bolo poludnie, obdivoval som množstvo ľudí v obciach, ale najmä v Smokovcoch. Turisti a cudzinci, všetci mávali Svätému Otcovi. Na Sliezskom dome Ján Pavol II. obedoval s malou skupinkou ľudí, potom si trochu odpočinul a vrtuľníkom ho previezli od Dunajca až po Západné Tatry. Povedal mi, že Vysoké Tatry z juhu ešte nevidel. Veľmi sa tomu tešil.

V aute mi spomínal, ako v mladých rokoch chodieval v Poľsku s mládežou do hôr, do Tatier. Tam im slúžil ako duchovný vodca. Preto tak dobre rozumie mládeži a má ju rád. Jeho láska k mladým ľuďom spočíva v tom, aby ich zachránil pred zlom a pred pomýlenosťou života.

Aj cesta zo Sliezskeho domu na letisko do Popradu bola lemovaná množstvom ľudí.

V Tatranskej Polianke, v Smokovcoch i v Poprade, smerom k letisku. Všetko jasalo a pozdravovalo Svätého Otca.

Som presvedčený, že neostane to len pri jasaní, lebo ono nemá dlhé trvanie. Návšteva Jána Pavla II. veľmi vzácna nielen pre svoju zriedkavosť, ale aj pre osobnosť a úrad, ktorý Kristov námestník reprezentuje, musí ostať v nás a medzi nami.

Kiež by sme si viac uvedomovali svoje človečenstvo a lásku k Bohu a k blížnemu. Náš život by sa stal oveľa krajším. Cirkev a pápežstvo v nej chápeme ako dar Božej lásky ľuďom.

Mons. František Tondra
spišský biskup

Svätý Otec spolu s otcom biskupom Tondrom v katedrálnom chráme svätého Martina

POPRAD

3. júla 1995

Rozlúčkový ceremoniál na popradskom letisku

Okolo 18.30 sa milý hosť z Vatikánu vydal limuzínou na popradské letisko, kde sa krátko po 19. hodine začal rozlúčkový ceremoniál. Treba poznamenať, že takisto na spiatočnej ceste z Velického plesa do Popradu trpezlivo čakali tisícky miestnych obyvateľov i turistov a nadšene pozdravovali Svätého Otca, aby sa s ním srdečne a dôstojne rozlúčili.

Na letisku čakala na Svätého Otca Jána Pavla II. početná skupina veriacich, ktorí mu pripravili nadšené ovácie, osobitne mládež a deti, svojím mladistvým elánom a mocným skandovaním.

Najprv sa Ján Pavol II. krátko pozdravil s prezidentom Michalom Kováčom. Potom pristúpil k mikrofónu, aby sa na koniec svojej pastoračnej návštevy ujal slova.

Týmto záverečným prejavom sa Svätý Otec srdečne a s vďakou rozlúčil s našou vlasťou.

Jeho posledné slová zneli: „Nech Boh ochraňuje Slovensko a jeho obyvateľov!"

Svätý Otec počas svojho rozlúčkového príhovoru

Nech vládne pokoj vo vašich domovoch a vo vašich srdciach

Príhovor Svätého Otca pri rozlúčkovom ceremoniáli na letisku v Poprade

Pán prezident Slovenskej republiky, pán predseda vlády, ctihodní bratia biskupi a kňazi, drahí bratia a sestry.

Na konci svojej pastoračnej návštevy Slovenska pokladám si za povinnosť vyjadriť vám všetkým svoju vďaku za vrelé prijatie, ktorého sa mi dostalo, a za mnohé šľachetné prejavy dobroprajnosti, ktorými ste ma deň čo deň zahŕňali pri stretnutiach s cirkevnými a občianskymi predstaviteľmi i so zástupmi veriacich.

Predovšetkým ďakujem Pánovi, že mi doprial stretnúť sa s biskupmi, kňazmi, rehoľníkmi, rehoľníčkami a s veriacimi katolíckej Cirkvi pri významných chvíľach modlitby a uvažovania. Vždy budem spomínať na silné a dojímavé prejavy bratstva a jednoty vo viere, ktorými bol poznačený každý úsek mojej púte medzi vami.

Osobitná vďaka patrí občianskym predstaviteľom: primátorom miest, ktoré som navštívil, príslušníkom poriadkovej služby, vojsku a polícii, zdravotníckemu personálu, pracovníkom televízie i rozhlasu a novinárom za ich náročnú prácu, ako aj početným dobrovoľníkom, ktorí pripravili vhodné prostredie a služby pre ľudí, čo sa zhromaždili na rôzne slávenia, ktoré sa postupne konali v tieto dni.

A teraz sa obraciam na celý slovenský národ, ktorý chcem v tejto chvíli lúčenia privinúť k svojmu srdcu jedným veľkým objatím.

Drahí Slováci, ako by som mohol nespomenúť, že vaša viera má hlboké korene, dobre zasadené medzi vami ohlasovaním svätých misionárov slovanských národov Cyrila a Metoda?! Prosím vás, aby ste sa v duchu vždy vracali k týmto slávnym a príkladným postavám, k týmto veľkodušným a neúnavným vzorom. Svätý Cyril a svätý Metod ukazujú vám aj celej Cirkvi, ako priviesť národy ku Kristovi a ako hlásať dobrú zvesť spásy. Oni vám svojím životom hovoria, ako sa dá aj dnes kráčať cestou novej evanjelizácie a ako treba žiť, aby láska, ktorú hlásal Kristus, prekonala všetky možné prekážky a ťažkosti. Nikdy nechýbali protivenstvá a odpor proti autentickému životu viery, ale evanjelium má v sebe moc premeniť prekážky na prozreteľnostnú príležitosť ohlasovania spásy. Svedčia o tom svätí Cyril a Metod, tak hlboko zapísaní do počiatkov kresťanského spoločenstva na Slovensku. Ich posolstvo je aj dnes platné pre život viery vo vašej krajine. Svedčia o tom traja mučeníci, ktorých som včera ráno počas nezabudnuteľnej liturgickej slávnosti v Košiciach s radosťou vyhlásil za svätých. Svedčia o tom príklady hrdinskej vernosti Kristovi, ktoré dali nespočetní mužovia a ženy cez dlhé roky tvrdej komunistickej diktatúry. Sú medzi nimi veriaci z rôznych kresťanských vierovyznaní, ktorým militantný ateizmus pripravil podobný údel útlaku a likvidácie. Oni všetci nám ukazujú, že prijatie evanjelia je cesta k vybudovaniu spoločnosti, ktorá sa vyznačuje opravdivou slobodou, rešpektovaním druhého a solidaritou bez predsudkov. Je to cesta opravdivého pokroku, ktorý čerpá silu a trvanlivosť z evanjeliového posolstva a uskutočňuje sa v čoraz dokonalejšom a sociálne širšom nadobúdaní hodnôt, na ktorých sa zakladá spoločné dobro všetkých.

Ako veľmi je dôležité nájsť pravú slobodu! Nie všetko, čo jednotlivé osoby i celé systémy ponúkajú ako prejav slobody, je opravdivou slobodou. Treba vedieť brániť pravú slobodu človeka a každodenne ju budovať v pravde.

Podporujte bratstvo a svornosť v spoločnosti, ktorú tvoria ľudia rozličnej kultúry a rôzneho ideologického pôvodu. Dbajte viac o to, čo spája, ako o to, čo rozdeľuje, a čoraz usilovnejšie hľadajte pravdu. Tak nájdete väčší priestor pre priateľstvo, otvoria sa vám možnosti spolupráce a dialógu, budete sa môcť viac venovať chudobným a vzrastie vo vás túžba po spoločných duchovných i hmotných dobrách. Len bratská láska môže spôsobiť, že ten, kto niečo má, neuzavrie sa egoisticky do seba, a kto je chudobný, nebude sa cítiť ponížený vo svojom nedostatku.

Vraciam sa do Ríma s obrazom vašich hôr – našich hôr, ktorý sa mi vtlačil do pamäti. Vysoké Tatry, také drahé srdcu Slovákov i Poliakov! Ony nerozdeľujú, ale spájajú dva národy zblížené toľkými udalosťami. Obraz „našich" hôr nech je vždy výzvou vystúpiť v duchu k Pánovi, lebo od Boha zostupuje k nám každé dobro a každý dokonalý dar (porov. Jak 1, 17).

Odchádzam od vás s pozdravom a žičením pokoja. Je to pozdrav vzkrieseného Pána svojim milovaným učeníkom. Nech vládne pokoj vnútri vašich múrov, čiže vo vašich domoch a v občianskych spoločenstvách celého Slovenska. Nech vládne pokoj vo vašich srdciach. Nech pokoj nájde svoj počiatok a svoj základ vo vašom vnútri, vo vašom duchu, rozhodnutom zachovať vernosť Kristovi a jeho učeniu.

Touto návštevou som mohol splniť jeden sľub. Pred piatimi rokmi som vám povedal: „Do videnia!" I prišiel som. Teraz znova zverujem svoju nádej a svoju túžbu Božej vôli a plánom jeho prozreteľnosti.

152

Všetkých vás uisťujem, že si zachovám hlbokú a milú spomienku na tieto požehnané dni a zo srdca vás žehnám v mene Otca i Syna i Ducha Svätého.

Nech Boh ochraňuje Slovensko a jeho obyvateľov. Do videnia!

Pochválený buď Ježiš Kristus.

Slová Svätého Otca boli odmenené úprimným potleskom, osobitne záver jeho prejavu, kde sa dala hlasno počuť mládež.

Nato odznel prejav prezidenta Slovenskej republiky Michala Kováča, ktorý v svojej záverečnej reči úprimne poďakoval Svätému Otcovi za jeho štvordňový, pre Slovensko po-

žehnaný pobyt. „Slovensko Vás nerado prepúšťa zo svojho náručia. I keď sa lúčime, duchovne sme s vami spojení.

Slovensko na vás nikdy nezabudne, ponechajte si ho aj vy vo svojom srdci. Pochválený buď Ježiš Kristus", zakončil svoj prejav prezident Slovenskej republiky.

Apoštolský nuncius v SR Mons. Luigi Dossena pozdravuje Svätého Otca pred odletom do Ríma

153

Svätý Otče, do videnia!

Prejav prezidenta Michala Kováča pri ukončení návštevy Svätého Otca na Slovensku

Vaša Svätosť,

štvordňová návšteva, ktorou ste poctili našu vlasť, sa chýli k záveru. Pre milióny našich veriacich aj pre mňa osobne je to po toľkých duchovných zážitkoch počas stretnutí s vami trochu smutná, no predovšetkým vážna a vzácna chvíľa. Slovensko vás prijalo v celej hĺbke vašej osobnosti ako rodného.

O to väčšmi sa v našich očiach zvýraznila mravná autorita vášho úradu, ktorý tak neopakovateľne napĺňate skutkami lásky a porozumenia.

Svätý Otec! Vy viac ako mnohí iní vidíte bolesť tohto sveta. Počas štyroch dní ste videli aj nás takých, akí sme. Hľadajúcich, túžiacich, veriacich, ale aj tápajúcich a maloverných. Oslovili ste nás s Kristovou láskou a pokorou.

Dnes je veľmi dôležité ukázať, že nie je skutočnou láskou cit, ktorý sa vzťahuje iba na blízkych, na príbuzných a verných, na jediné, vlastné spoločenstvo, ktoré je nám prirodzeným spôsobom najbližšie. Kresťanská láska siaha omnoho ďalej, za horizont nášho egoizmu a úzkoprsosti, a zahŕňa všetkých a všetko, teda aj tých, ktorí sú inak zmýšľajúci, tých, ktorí sú nám nepríjemní, ba dokonca tých, ktorí sú našimi nepriateľmi.

Svätý Otec! Vaša pastoračná návšteva Slovenska má pre nás veľký význam. Veľmi dobre si totiž uvedomujeme, že skutočne slobodní budeme len vtedy, ak budeme žiť vo vzájomnej úcte a solidarite, ak prijmeme nadzmyslovú pravdu v poslušnosti, v ktorej človek dosahuje svoju plnú identitu. Uvedomujem si ako verejný činiteľ hlboký význam vašich myšlienok vyjadrených v encyklike *Veritatis splendor* i v encyklike *Centesimus Annus,* že „ak nejestvuje nijaká konečná

pravda, ktorá vedie a usmerňuje politickú činnosť, potom víťazí sila moci. Idey a presvedčenia sa môžu ľahko použiť ako prostriedky na získanie moci. Demokracia bez hodnôt sa ľahko obráti na otvorený alebo potuteľný totalizmus, ako to dnes dosvedčuje história."

Svätý Otec, sme vám veľmi vďační, že ste toľko síl venovali našej krajine. Osobne som presvedčený, že slová, ktoré ste nám adresovali na všetkých navštívených miestach, nájdu v srdciach slovenských ľudí, ale aj tých, ktorí tu pobudli s nami, prípadne sa s nami spojili duchovne, úrodnú pôdu, vyklíčia a prinesú dobrú úrodu. Spoliehame sa spolu s vami predovšetkým na mládež, ktorá vás tak nádherne privítala. Ale spoliehame sa aj na jej rodičov, na duchovných, na učiteľov, kňazov a rehoľníkov, že jej odovzdajú posolstvo skutočného zmyslu života.

Oslovili ste a povzbudili k dobru a pokoju všetkých – biskupov, kňazov, rehoľníkov, ale aj laikov, ba aj úprimne hľadajúcich či neveriacich. V srdciach mnohých mladých ľudí sa zaiste práve v týchto dňoch ozvalo alebo dozrelo rozhodnutie pre duchovné poslanie. Oslovili ste aj nás, verejných činiteľov, a dodali ste nám silu a odvahu znášať svoje slabosti a vzájomne si pomáhať niesť svoje bremená. Aj to je veľký dar vo chvíľach, keď sme znesvárení a hľadáme spôsoby rozumnej spolupráce a vzájomnej úcty a zmierenie.

Svätý Otec! Slovensko vás nerado prepúšťa zo svojho náručia. Ak to tak už musí byť, je krásne, že sa tak deje práve tu, pod Tatrami. Ony sú symbolom našej identity, nášho zápasu o samých seba, o prežitie, o svoj rozvoj a rast. Básnici by ich nazvali oltáram, pred ktorým sa slovenský národ po stáročia modlil na tejto ťažko skúšanej zemi k Bohu.

Tatry nás vymedzujú voči vašej rodnej zemi, ale ako ste aj vy spomenuli, nerozdeľujú. Naopak, poľský a slovenský národ prekrásnym spôsobom spájajú. Ich majestátnosť nádherne dotvára duchovnú monumentálnosť Nitry, Šaštína, Košíc i Levoče, ktoré uzatvárajú do zlatých zátvoriek všetko to, čo sme od vás prijali a čo, verím, budeme všetci rozvíjať a odovzdávať ďalej. Slovensko je a zostáva kresťanské. Je odhodlané spolu so všetkými ľuďmi dobrej vôle budovať civilizáciu pravdy a lásky. Aj keď ho teraz opúšťate, duchovne sme vždy boli a zostávame spojení s vami. Slováci vždy boli a sú verní Rímu, boli a sú verní pápežovi.

Naše myšlienky, modlitby a dobročinné skutky azda budú aj pre vás pomocou a posilnením vo vašom neľahkom poslaní. Zo srdca vám želáme zdravie, silu a dary Svätého Ducha. Slovensko na vás nikdy nezabudne, ponechajte si ho aj vy vo svojom srdci.

Laudetur Jesus Christus!

Pochválený buď Ježiš Kristus!

Po príhovoroch zazneli štátne hymny Slovenskej republiky a Vatikánu. Nasledovala prehliadka čestnej jednotky. Potom Svätý Otec išiel k chorým, k vozíčkárom a osobne pozdravil niekoľkých z nich. Po nich sa Ján Pavol II. rozlúčil s cirkevnými hodnostármi. Najprv so zahraničnými a potom i s našimi biskupmi. Potom sa pozdravil s niektorými členmi vlády a na koniec s predsedom Vladimírom Mečiarom, ktorý Svätému Otcovi pri rozlúčke povedal: „Ďakujem za všetko, čo ste pre Slovensko urobili a ešte urobíte. Prajem vám dobré zdravie a teším sa na ďalšie stretnutie!"

Z popradského letiska potom Svätý Otec odletel osobitným lietadlom ministerstva vnútra do Večného mesta.

Po všetkých týchto štyroch milostivých dňoch nezostáva nám nič iné, iba vysloviť vrúcnu vďaku Pánu Bohu za Kristovho námestníka Jána Pavla II., ktorý bol pre náš národ za krátky čas veľkým požehnaním.

Pre nás Slovákov je nesmiernym vyznamenaním, že vatikánsky denník L'Osservatore Romano venoval takú pozornosť tejto apoštolskej ceste, ako zo všetkých doterajších šesťdesiatpäť žiadnej inej doteraz. Už 28. júna vyšla osobitná 16-stranová príloha venovaná Slovensku. Okrem neslovenských autorov v nej nájdeme články našich významných osobností, ako kardinála Jozefa Tomka, Milana S. Ďuricu, Jozefa M. Rydlu, Františka Vnuka, Mons. Rudolfa Baláža, Mons. Štefana Vrableca, Mons. Jána Sokola, Andreja Paulínyho SDB, kardinála Jána Chryzostoma Korca, Mons. Alojza Tkáča, Mons. Jána Hirku, Mons. Františka Tondru a Mons. Andreja Imricha.

Keď sa Svätý Otec vrátil do Ríma, vatikánsky denník 5. júla priniesol ďalšiu osobitnú prílohu, v ktorej boli uverejnené všetky príhovory a kázne v slovenčine s viacerými fotografiami z miest, ktoré navštívil. V ten istý deň na generálnej audiencii venoval pápež celý príhovor svojej návšteve na Slovensku. Uvádzame ho ako resumé tejto publikácie v taliančine (so slovenským prekladom), angličtine, francúzštine a v nemčine.

Nikto nemohol lepšie zhodnotiť túto pastoračnú cestu ako sám Svätý Otec.

Po schodíkoch pomaly hore... a posledné zamávanie: Do videnia!

Nikto nemá väčšej lásky

Terajšieho Svätého Otca som spoznal ešte počas II. vatikánskeho koncilu v roku 1962. Dokonca sme pracovali celé tri roky v tej istej komisii na príprave dokumentu o Cirkvi v súčasnom svete (*Gaudium et spes*).

V ňom sa okrem iného riešil vzťah Cirkvi ku komunizmu. Už vtedy som obdivoval biskupa Karola Wojtylu za jeho ľudské stanovisko, prehľad v danej problematike, ale aj zásadný postoj. Zo všetkých prítomných najlepšie poznal situáciu v komunistických krajinách.

Okrem spoločnej práce v tejto komisii som ho ešte lepšie spoznal na mojich cestách do Poľska. Spolu so svojím prímasom kardinálom Wyszynským sa vtedy angažoval pri oprávnenom zápase o uznanie právneho postavenia Cirkvi v komunistickom režime.

Keďže pôsobil v Krakove, blízko našich hraníc, mal na starosti i spojenie s Česko–Slovenskom. Práve u neho som našiel veľké porozumenie v čase, keď biskup Ján Chryzostom Korec nemohol tajne svätiť kňazov. Pošlite ich za mnou, ja ich vysvätím! – povedal mi.

Kandidáti na kňazstvo však kvôli bezpečnosti nemohli cez hranice prenášať nijaké dokumenty, ktoré by ich mohli prezradiť. Problém bol, ako sa mu predstavia. S biskupom Wojtylom sme sa dohodli, že ich bude poznať podľa hesla: *Nemo caritatem majorem habet* – Nikto nemá väčšej lásky. V tom čase sa totiž latinčina ešte bežne používala a predpokladalo sa, že tí, ktorí sa chcú stať kňazmi, vedia po latinsky. Aj vďaka vysviacaniu slovenských kňazov bol Ján Pavol II. veľmi dobre oboznámený so situáciou našich veriacich a katolíckej Cirkvi na Slovensku. Dôverne tiež poznal utrpenie a hrdinskosť tajne vysväteného biskupa, terajšieho kardinála Jána Chryzostoma Korca, jeho vernosť Učiteľ-

kému úradu Cirkvi a pápežovi. Bol oboznámený i s tými najrafinovanejšími spôsobmi prenasledovania Cirkvi, ktoré sa na Slovensku uplatňovali a boli oveľa tvrdšie ako napríklad v Čechách, kde náboženstvo nepredstavovalo takú silu a nebolo veľkým politickým alebo sociálnym problémom.

Do Ríma som prišiel ešte za pontifikátu Pia XII. Potom prišiel Ján XXIII. a veľmi dobré kontakty som mal aj s Pavlom VI. Do Ríma som nešiel preto, aby som tam hľadal slobodu, ale aby som informoval Svätého Otca a Svätú stolicu o prenasledovaní kresťanov a Cirkvi, ktoré vtedy u nás v plnej miere zúrilo. Pán Ježiš dal nástupcovi na Petrovom stolci moc posilňovať svojich prenasledovaných bratov vo viere. Bol som si vtedy vedomý, že nemám právo na svoju slobodu, ak celý svoj ďalší život nedám do služby trpiacej Cirkvi. So všetkými pápežmi som sa stretával najmä kvôli prosbám o modlitby za trpiacu Cirkev.

Keď bol Karol Wojtyla, kardinál a krakovský arcibiskup, zvolený za pápeža, talianska televízia, rozhlas, novinári o ňom takmer nič nevedeli. Mal som jedného známeho, ktorý priviedol ku mne televízny štáb. Chceli, aby som im povedal, aká asi bude hlavná línia nového pápeža. Povedal som trocha obrazne, že klinec, po ktorom bude biť pevným kladivom, budú ľudské práva a ľudská dôstojnosť. A skutočne sa to i potvrdilo.

Svätý Otec sa zastáva každého utláčaného kdekoľvek na svete. Zastáva sa tých, čo nemajú vlasť alebo sú pre akúkoľvek príčinu prenasledovaní. S osobitným dôrazom vyžaduje, aby svet rešpektoval právo na život, ktorý je Boží dar.

Myslím si, že v ten deň, 16. októbra 1978, keď kardinál Felici z balkóna svätopeterskej baziliky oznámil očakávanú správu:

„*Habemus Papam... pána Karola Wojty-lu...*" zavládla veľká radosť nielen v Poľsku, ale aj na Slovensku. Bolo to vôbec po prvý raz v histórii, keď Cirkev vyvolila za pápeža kardinála slovanského pôvodu. Určite Prozreteľnosť vybrala takého, ktorý bol najlepšie pripravený svojou charizmou, najmä mariánskou, pretože žijeme v mariánskej dobe, ako to dokazujú zjavenia v Lurdoch, Fatime, ale aj inde.

Svätý Otec má Slovákov osobitne rád. Prejavil to aj pred piatimi rokmi, keď po príchode do Bratislavy pobozkal našu drahú slovenskú zem, hoci vtedy ešte Slovensko nebolo samostatným štátom.

Teraz, keď sa môže už voľne cestovať, Slováci v hojnom počte navštevujú Večné mesto a sú prítomní na pravidelných stredajších audienciách na Námestí svätého Petra alebo v Bazilike. Svätý Otec ich nikdy nezabudne osobitne pozdraviť a povedať im niekoľko povzbudivých slov po slovensky.

Jeho osobnosť sa nedá porovnať s nijakým politikom ani panovníkom, s nikým na svete. Musíme sa na neho pozerať očami Božími ako na Kristovho zástupcu na zemi. Očami ľudskými by bol len hlavou štátu, akých je na svete veľa.

Aj terajšie stretnutie so Svätým Otcom, jeho prijatie slovenským národom nebolo o nič menej srdečné ako to, ktoré tu zažil pred piatimi rokmi. Dúfam, že jeho návšteva u nás v plnej miere posilnila vieru, odhodlanosť a lásku ku Kristovi, aj za cenu obetí a utrpenia. Slovensko ukázalo Petrovmu nástupcovi, že ho má rado a že je mu verné aj dnes, v čase slobody.

Mons. Pavol Hnilica
titulárny biskup rusadenský

Bratislava 30. júna 1995. Otec biskup Pavol Hnilica pozdravuje Svätého Otca

Resumé

Cari fratelli e sorelle!

Desidero oggi ringraziare Dio per la Visita nella Slovachia, che ho potuto iniziare l'indomani della Solennità dei Santi Pietro e Paolo e continuare durante i giorni seguenti, fino al 3 luglio.

Ringrazio l'Episcopato della Slovachia per l'invito e la preparazione pastorale di questa Visita. Ringrazio anche le Autorità civili, il Presidente della Repubblica Slovaca, il Primo Ministro ed il Governo, i Rappresentanti del Parlamento e le Autorità locali. Il mio pellegrinaggio è stato accompagnato dalla grande cordialità che scaturisce dal momento storico: era la prima volta, infatti, che il Papa visitava lo Stato slovaco indipendente.

La Nazione slovaca ha un suo lungo passato, che giunge sino ai tempi di Cirillo e Metodio e della loro missione entro i confini del regno della grande Moravia. A quei tempi risale anche la sede vescovile di Nitra, una delle sedi più antiche di tutta l'Europa centrale. Nel corso della loro storia gli Slovachi prima vissero nell'ambito della grande Moravia e poi divennero parte del regno ungherese; che durò fino alla prima guerra mondiale. Nell'anno 1918 nacque la Repubblica Ceco–Slovaca, nell'ambito della quale gli Slovachi - escluso il periodo della seconda guerra mondiale - vennero modellando la loro esistenza statale fino all'anno 1993. Con viva ammirazione si deve dare atto alle due Repubbliche ora indipendenti, Ceca e Slovaca, di aver saputo dividersi in modo pacifico, senza conflitti e spargimento di sangue, a differenza di quanto è avvenuto, purtroppo, nella ex-Jugoslavia. La divisione aveva alla base le molteplici diversità delle due Nazioni, pur simili sotto molti aspetti, in particolare quello linguistico. In questo modo la Nazione slovaca ha ora il suo Stato che abbraccia la vasta e fertile pianura al sud dei Carpazi e dei Monti Tatra.

La Visita nella Slovachia mi ha permesso di conoscere meglio questo Paese ed i suoi abitanti, soprattutto nei principali centri della vita nazionale e religiosa.

Così dunque, il primo giorno sono stato a Bratislava, capitale del Paese, per poi andare all'incontro con la gioventù a Nitra. Nel secondo giorno ho visitato il Santuario mariano di Šaštín situato al nord di Bratislava, nel territorio della Slovachia occidentale. La mattina della domenica 2 luglio è stata dedicata alla canonizzazione dei tre Martiri di Košice – Città in cui essi furono martirizzati nel secolo diciassettesimo. Alla canonizzazione hanno preso parte i Rappresentanti degli Episcopati di tutta l'Europa centrale. Nel pomeriggio mi sono recato a Prešov, e la sera dello stesso giorno a Spiš, da dove mi sono poi recato al Santuario mariano di Levoča. Spiš nella parte della Slovachia che si stende ai piedi dei Monti Tatra, così che nell'ultimo giorno ho potuto rivedere questi monti, ai quali ero molto legato nella mia giovinezza. L'ultimo punto toccato nel viaggio è stata la città di Poprad, dalla quale sono ritornato a Roma.

Lo scopo principale della mia visita nella Slovachia era la canonizzazione dei tre Martiri di Košice ed a questo avvenimento desidero dedicare una particolare attenzione. Quei Martiri sono: Marek Križin, croato, canonico della Cattedrale di Esztergom e anche due Gesuiti: Melichar Grodecki della Slesia e Štefan Pongrác, ungherese.

Il loro martirio avvenne nello stesso periodo della storia d'Europa in cui, nella città di Olomouc, in Moravia, fu martirizzato san Jan Sarkander, che ho avuto la gioia di iscrivere poco tempo fa nell'albo dei Santi.

I Martiri di Košice diedero la vita per la loro fedeltà alla Chiesa, non cedendo alla brutale pressione dell'autorità civile, che voleva costringerli all'apostasia. Tutte e tre accolsero il martirio in spirito di fede e di amore verso i persecutori. Subito dopo la morte divennero oggetto di culto nella Slovachia e, all'inizio del nostro secolo, dopo un accurato processo canonico, la Chiesa li ha proclamati Beati. Ora, essendo ormai matura la causa di canonizzazione, ho potuto proclamarli Santi durante la mia presenza a Košice, con grande partecipazione della popolazione cattolica locale.

Questa canonizzazione è stata anche un importante avvenimento ecumenico, come è apparso sia nell'incontro con i Rappresentanti delle Confessioni protestanti, sia nella visita al luogo che ricorda la morte di un gruppo di loro, condannati nel secolo diciassettesimo in nome del principio „cuius regio eius religio". Del fatto fa memoria un monumento eretto nella città di Prešov, davanti al quale ho sostato in preghiera.

Prešov è anche il luogo in cui ha la sua residenza il Vescovo Greco-cattolico. La Chiesa Orientale, che ha i suoi fedeli da ambo le parti dei Carpazi, è nata dall'Unione fatta 350 anni fa in Užhorod, nel territorio che prima apparteneva all'Ungheria e poi alla Repubblica Ceco–Slovaca ed che ora fa parte dell'Ucraina. L'Eparchia di Prešov è, in un certo senso, una parte di questa Chiesa, nell'estrema zona occidentale, che concentra in sè i Greco-cattolici Slovachi e i Ruteni oltre i Carpazi. Se tutta la Chiesa cattolica durante il Governo comunista nella Ceco-Slovachia è stata sottomessa a gravi persecuzioni, queste hanno colpito in modo particolare i Greco-Cattolici slovachi dell'Eparchia di Prešov.

160

Non si deve dimenticare che tutta la Chiesa della Slovachia, che si trovava nell'ambito della Repubblica comunista cecoslovaca di allora, è passata attraverso dolorose persecuzioni. Quasi tutti i Vescovi sono stati privati della possibilità di esercitare il loro servizio pastorale. Tanti sono passati attraverso dure detenzioni in carcere. Alcuni di loro hanno terminato la vita come veri martiri - penso, in particolare, al Vescovo Vojtaššák della diocesi di Spiš, e al Vescovo Greco-cattolico Pavel Gojdič di Prešov. Un testimone particolare di questa generazione di Vescovi imprigionati a causa della fede è il Cardinale Ján Chryzostom Korec, attuale Ordinario di Nitra.

La Chiesa della Slovachia appena da alcuni anni gode della libertà religiosa, e forse questo fatto spiega la grande vitalità che ho potuto dovunque vedere e sentire durante questa mia Visita. Il problema della persecuzione della Chiesa in Slovachia e la questione dei suoi Martiri richiedono una più profonda elaborazione, che non potrà non essere inclusa nella preparazione spirituale al Giubileo del secondo Millennio.

Se ci domandiamo da dove gli Slovachi abbiano attinto la forza nel periodo della persecuzione, la risposta la troviamo, in modo particolare, visitando i Santuari mariani. Durante quel periodo difficile per la Nazione e per la Chiesa in Slovachia, i Santuari sono diventati un grande punto di appoggio per la fede del popolo di Dio. Lì nessuna proibizione da parte della Polizia e dell'Amministrazione ha potuto vincere. Dai Santuari mariani quali Šaštín e Levoča questa forza si è irradiata verso i fedeli, le famiglie, le parrocchie, verso tutta la Slovachia. Come appare da quanto ho detto, la visita della Chiesa in Slovachia si inscrive nella vasta storia della salvezza nel nostro secolo. E, nello stesso tempo, si inscrive nella storia della nazione Slovaca e del suo posto in Europa. Ecco, è in non piccola misura grazie alla missione della Chiesa che la nazione Slovaca ha ottenuto la sua indipendenza e come nazione, i cui cittadini sono in grande maggioranza cattolici, è entrata nella grande comunità dei popoli di tutto il mondo, e particolarmente dell'Europa.

Essa reca a questa Comunità il contributo della sua identità culturale; reca anche la volontà di costruire la propria eredità e quella europea sui principi che scaturiscono dai diritti delle nazioni, adeguatamente riconosciuti e tutelati nel consesso internazionale, inclusi ovviamente quelli relativi alle minoranze.

La Sede Apostolica e il Papa esprimono riconoscenza per il patrimonio della Slovachia indipendente, mettendo così in evidenza anche il diritto di questa Nazione al suo posto nella famiglia delle Nazioni europee come membro a pieno titolo.

Drahí bratia a sestry!

Chcel by som dnes poďakovať Pánu Bohu za návštevu na Slovensku, ktorú som mohol začať tesne po slávnosti svätého Petra a Pavla. Trvala až do 3. júla.

Ďakujem slovenským biskupom za pastoračnú prípravu tejto návštevy. Ďakujem aj verejným činiteľom, prezidentovi Slovenskej republiky, premiérovi a vláde ako i zástupcom parlamentu a miestnym vrchnostiam.

Moju púť sprevádzala veľká srdečnosť, ktorá vyvierala z tejto historickej chvíle. Bolo to v skutočnosti po prvýkrát, čo pápež navštívil nezávislú Slovenskú republiku.

Slovenský národ má za sebou dlhú minulosť, ktorá siaha až do čias Cyrila a Metoda a ich misie na území Veľkej Moravy. V tých časoch už existovalo Nitrianske biskupstvo, jedno z najstarších biskupstiev v strednej Európe. Počas svojich dejín Slováci žili najprv vo veľkomoravskej ríši, potom sa stali súčasťou Uhorska, ktoré trvalo až do konca I. svetovej vojny. V roku 1918 vznikla Česko–Slovenská republika, v rámci ktorej Slováci – okrem rokov II. svetovej vojny – štátne existovali až do roku 1993. Musíme obdivovať tieto dve dnes už nezávislé republiky – Českú a Slovenskú, že sa dokázali od seba oddeliť pokojným spôsobom bez konfliktov a prelievania krvi na rozdiel od krajín bývalej Juhoslávie. Základom rozdelenia boli mnohonásobné rozdielnosti dvoch národov i napriek tomu, že majú mnoho podobných aspektov, najmä jazykovú blízkosť. A tak slovenský národ má dnes svoj štát, ktorý objíma širokú a úrodnú krajinu medzi Karpatmi a Tatrami.

Návšteva Slovenska mi umožnila lepšie spoznať túto krajinu a jej obyvateľov, predovšetkým v hlavných centrách národného a náboženského života.

A tak som prvý deň navštívil Bratislavu, hlavné mesto Slovenska, aby som potom išiel na stretnutie s mládežou v Nitre. Na druhý deň som navštívil Mariánsku svätyňu v Šaštíne, na západnom Slovensku severne od Bratislavy. Nedeľa 2. júla patrila svätorečeniu troch košických mučeníkov. Konala sa v Košiciach, v meste, kde boli v 17. storočí umučení. Na svätorečení boli prítomní aj zástupcovia episkopátov z celej strednej Európy. V nedeľu popoludní som odišiel do Prešova a večer toho istého dňa na Spišskú Kapitulu, odkiaľ na druhý deň ráno do Mariánskej svätyne v Levoči. Spiš je časťou Slovenska, ktorá sa rozprestiera na úpätí tatranských hôr, a tak som v posledný deň svojej návštevy znovu mohol vidieť tieto hory, s ktorými som bol v mojej mladosti úzko spätý. Posledným miestom mojej cesty bolo mesto Poprad, odkiaľ som odletel do Ríma.

Prvoradým cieľom mojej návštevy na Slovensku bolo svätorečenie troch košických mučeníkov. A práve tejto udalosti chcem dnes venovať osobitnú pozornosť.

Marek Križin, Chorvát, kanonik ostrihomskej katedrály, a dvaja jezuiti: Maďar Štefan Pongrác a Melichar Grodecký zo Sliezska podstúpili mučeníctvo v historickom období Európy, keď bol v Olomouci umučený sv. Ján Sarkander, ktorého som nedávno s radosťou zapísal do zoznamu svätých. Košickí mučeníci obetovali svoje životy za vernosť Cirkvi. Nepodľahli brutálnemu nátlaku občianskych autorít, ktoré ich chceli prinútiť k odpadlíctvu. Všetci traja prijali mučeníctvo v duchu viery a s láskou voči prenasledovateľom. Hneď po smrti sa na Slovensku rozšírila ich úcta a na začiatku nášho storočia po dôkladnom kanonickom procese ich Cirkev vyhlásila za blahoslavených.

A teraz, keď nastal čas ich kanonizácie, vyhlásil som ich v Košiciach za veľkej účasti tamojších veriacich za svätých.

Toto svätorečenie sa stalo významnou ekumenickou udalosťou, ako o tom svedčí aj stretnutie s predstaviteľmi protestantských vierovyznaní, ako aj návšteva miesta, ktoré pripomína smrť skupiny protestantov, odsúdených v 17. storočí v mene zásady *Cuius regio, eius religio* – Koho vláda, toho náboženstvo.

Túto udalosť pripomína pomník v Prešove, pred ktorým som zotrval v modlitbe. V Prešove má svoje sídlo aj gréckokatolícky biskup. Východná Cirkev, ktorá má svojich veriacich na oboch stranách Karpát, vznikla z Užhorodskej únie pred 350 rokmi, na území, ktoré najprv patrilo Uhorsku, neskôr Česko–Slovenskej republike a dnes je súčasťou Ukrajiny. Prešovská eparchia je v istom zmysle časťou tejto Cirkvi, nachádzajúcou sa v najzápadnejšej časti, ktorá zahŕňa Slovákov gréckokatolíkov a zakarpatských Rusínov. Celá katolícka Cirkev v Česko–Slovensku bola vystavená veľkému prenasledovaniu. To postihlo mimoriadne silne slovenských gréckokatolíkov z prešovskej eparchie.

Nesmieme zabudnúť, že celá Cirkev na Slovensku, ktoré bolo súčasťou komunistickej československej republiky, zažila bolestné prenasledovanie. Takmer všetci biskupi boli pozbavení možnosti vykonávať svoju pastoranú službu. Mnohí z nich zažili veľké utrpenie vo väzení. Niektorí z nich skončili svoj život ako praví mučeníci – myslím tu osobitne na biskupa Vojtaššáka zo Spišskej diecézy a gréckokatolíckeho biskupa Pavla Gojdiča z Prešova. Mimoriadnym svedkom tejto generácie biskupov väznených pre vieru je kardinál Ján Chryzostom Korec, terajší nitriansky biskup.

Cirkev na Slovensku sa teší náboženskej slobode iba niekoľko rokov. Snáď toto je príčinou veľkej vitality, ktorú som videl a zažil počas mojej návštevy.

Obdobie prenasledovania Cirkvi na Slovensku a otázka jej mučeníkov vyžadujú hlbšiu analýzu, ktorá nemôže chýbať v duchovnej príprave na jubileum zavŕšenia druhého tisícročia kresťanstva.

Ak sa pýtame, kde Slováci čerpali silu v čase prenasledovania, odpoveď nachádzame najmä pri návšteve mariánskych svätýň. V tomto ťažkom období pre národ a pre Cirkev na Slovensku sa stali tieto svätyne veľkým oporným bodom viery Božieho ľudu. Tam žiaden zákaz zo strany polície a administratívnej moci nemohol zvíťaziť. Z mariánskych svätýň v Šaštíne a Levoči sa táto sila šírila medzi veriacich, do rodín, farností, do celého Slovenska.

Z toho, čo som povedal, vyplýva, že táto návšteva Cirkvi na Slovensku sa zapíše do bohatých dejín spásy nášho storočia. a súčasne i do dejín slovenského národa a jeho miesta v Európe. O dosiahnutie nezávislosti slovenského národa nemalou mierou prispela práve Cirkev. Štát, ktorého občania sú v prevažnej miere katolíci, sa zaradil do spoločnosti národov sveta a najmä Európy. Túto komunitu Slovensko obohacuje svojou kultúrnou identitou a vôľou budovať vlastné a európske dedičstvo na princípoch, ktoré vyplývajú z práv národov riadne uznaných a chránených medzinárodnými dohodami, vrátane práv menšín. Apoštolská stolica a pápež vyjadrujú uznanie za dedičstvo nezávislého Slovenska, dávajúc tak najavo aj právo tohto národa na jeho miesto v rodine európskych národov ako právoplatného člena.

Dear Brothers and Sisters,

I am deeply grateful to Almighty God for the grace of enabling me to make the recently – concluded Pastoral Visit to Slovakia; I also wish to thank the local Slovak authorities, both ecclesiastical and civil. Heir of a culture and tradition which traces its roots to the time of Saints Cyril and Methodius, the modern Slovak Republic was born in 1993 from the peaceful partitioning of Czecho-Slovakia into two independent nations.

I went there with the specific mission of canonizing the three martyrs of Košice. These holy men of the Post-Reformation gave their lives in fidelity to Christ and his Church rather than deny the Faith. My visit was also a significant ecumenical event which allowed me to meet with Protestant leaders and to pay tribute to all Christians – Latin and Eastern Rite Catholics as well as Protestants – who were victims of relentless persecutions under the former communist regime.

Throughout this period of terrible trial, the Slovak people drew strength and courage from their great devotion to Mary, as the different Marian shrines in Slovakia still attest today, having become important centres of faith and prayer. The Church in Slovakia is part of that salvation history which is being written in our own century. And the Slovak nation and people themselves have taken their rightful place as a fully recognized member of the world community of nations.

Chers Frères et Sœurs,

Aujourd'hui, rendant grâce à Dieu pour ma récente visite pastorale en Slovaquie, je voudrais remercier de tout cœur les autorités civiles et religieuses de leur invitation et de la préparation du voyage.

Le but de ma viste était la canonisation de trois martyrs de Slovac: un chanoine de la cathédrale d'Esztergom, le croate Marc Krizin, et deux jésuites, le silésien Melchior Grodziecki et le hongrois Étienne Pongracz, contemporains de saint Jean Sarkander, d'Olomouc en Moravie.

Cette canonisation fut aussi un événement œcuménique important, marqué par une rencontre avec les représentants des confessions protestantes et par un pèlerinage au lieu commémorant la mort des membres de ces Églises, qui ont été condamnés en vertu du principe „cuius regio eius religio".

J'ai visité également l'éparchie de Prešov, où les grecs-catholiques slovaques ont particulièrement souffert sous le régime communiste, comme toute l'Église en Slovaquie; celle-ci a eu ses martyrs: l'évêque Vojtaššák du diocèse de Spiš et l'évêque grec-catholique Pierre Gojdič de Prešov. L'actuel Ordinaire de Nitra, le Cardinal Jean Chrysostome Korec, est un témoin de cette génération d'évêques emprisonnés à cause de leur foi. Il convient d'inclure cette persécution de l'Église en Slovaquie dans la préparation spirituelle du troisième millénaire.

Souvenons-nous aussi que la foi des Slovaques est demeurée vive grâce à la fréquentation des sanctuaires mariaux comme Šaštín et Levoča.

En conclusion, le Siège apostolique et le Pape expriment leur gratitude pour tout ce qu'apporte la Slovaquie, devenue de plein droit membre de la famille des nations européennes.

Liebe Schwestern und Brüder!

Heute möchte ich Gott danken für meinen eben beendeten Besuch in der Slowakei. Den Bischöfen des Landes danke ich für die freundliche Einladung und die Vorbereitung des Pastoralbesuches, ebenso den zivilen Behörden.

Die slowakische Nation kann auf eine lange Vergangenheit blicken, die bis in die Zeiten der heiligen Cyrill und Methodius und ihre Missionierung zurückreicht. Auf diese Zeit geht auch der Bischofssitz von Nitra zurück, der älteste in ganz Mitteleuropa.

Durch meinen Besuch konnte ich das Land und seine Bewohner besser kennenlernen, vor allem die nationalen und religiösen Zentren. Neben den Besuchen in Bratislava und Nitra war die Heiligsprechung der drei Märtyrer von Košice am vergangenen Sonntag ein Höhepunkt. Diese Heiligsprechung war auch ein bedeutendes ökumenisches Ereignis, das seinen Ausdruck in der Begegnung mit den Vertretern der protestantischen Kirchen gefunden hat sowie in dem Besuch des Ortes, der an den Tod der Protestanten erinnert, die wegen des Prinzips „cuius regio eius religio" ihr Leben lassen mußten.

Auch in kommunistischer Zeit haben die Christen, unter ihnen viele Bischöfe, schlimmste Verfolgungen erlitten. Die Kirche in der Slowakei genießt die Religionsfreiheit seit wenigen Jahren, und vielleicht erklärt diese Tatsache ihre große Vitalität. Auch die Marienheiligtümer waren in den Zeiten der Verfolgung ein Hort der Stärke für das Volk Gottes.

Il testo del Resumé *(in lingua italiana, inglese, francese e tedesca) fu pronunciato dal Papa, Sua Santità Giovanni Paolo II, all'udienza generale il 5 luglio 1995.*

Joannes Paulus PP. II

OBSAH

Bratislava   Privítací ceremoniál na Letisku M. R. Štefánika   9
Stretnutie v Dóme svätého Martina

Nitra   Stretnutie s mládežou Slovenska   31

Šaštín   Púť k Sedembolestnej Panne Márii   51

Bratislava   Stretnutie s prezidentom a premiérom   79
Stretnutie so zástupcami nekatolíckych náboženstiev
Modlitba svätého ruženca

Košice   Svätorečenie košických mučeníkov   87

Prešov   Stretnutie s gréckokatolíkmi   111

Levoča   Púť na Mariánsku horu   129

Poprad   Rozlúčkový ceremoniál na popradskom letisku   149

Resumé   159

APOŠTOL NÁRODOV DVADSIATEHO STOROČIA
Druhá návšteva Jána Pavla II. na Slovensku

Vydalo vydavateľstvo Dobrá kniha
Štefánikova 44, Trnava
A. D. 1995

Zostavili Ján Košiar, Šebastián Labo a Štefan Vragaš
Jazyková spolupráca Anna Kostolanská
Titulky príhovorov Svätého Otca podľa L'Osservatore Romano

© Fotografie Peter Brenkus, Arturo Mari a TA SR
Obálka a grafická úprava Stanislav Ondruš
Z dodaných predlôh vytlačila Kníhtlačiareň Svornosť Bratislava

ISBN 80 – 7141 – 076 – 4